教育部人文社会科学研究青年基金项目“发展性社会工作介入农村弱势群体生计改善的案例研究：干预策略与结构性障碍”（编号19YJC840015）项目资助出版

中国农村的社会经济实践：策略、障碍和主体

何宇飞 著

WUHAN UNIVERSITY PRESS
武汉大学出版社

图书在版编目(CIP)数据

中国农村的社会经济实践:策略、障碍和主体/何宇飞著.—武汉:武汉大学出版社,2021.5(2022.4 重印)
ISBN 978-7-307-22208-3

Ⅰ.中…　Ⅱ.何…　Ⅲ.农村经济发展—研究—中国　Ⅳ.F323

中国版本图书馆 CIP 数据核字(2021)第 063280 号

责任编辑:蒋培卓　　责任校对:李孟潇　　版式设计:马　佳

出版发行:**武汉大学出版社**　(430072　武昌　珞珈山)
(电子邮箱:cbs22@ whu.edu.cn　网址:www.wdp. com.cn)
印刷:武汉邮科印务有限公司
开本:720×1000　1/16　印张:12　字数:176 千字　插页:1
版次:2021 年 5 月第 1 版　2022 年 4 月第 2 次印刷
ISBN 978-7-307-22208-3　定价:49.00 元

目　　录

第一章 绪　　论

一、社会经济的兴起

（一）国际关注的社会经济议题

2012 年年初，由广州市社会科学院主办的《开放时代》杂志连续两期发表了有关社会经济（social economy）的会议讨论记录。① 参与这次讨论会的不乏许多著名学者。两年后，《中国的社会经济：超越资本主义的想象》一书出版，② 介绍了西方的社会经济理论和中国的重要社会经济案例。上述事件标志着"社会经济"这一概念被正式引入中国学术界。③

这一概念在中国的兴起呼应了近年来全球对社会经济的兴趣。社会经济作为一个专门的概念，并非汉语中"社会"和"经济"两个词的组合。本书所研究的社会经济（或称团结经济）既是一种话语（discourse），也是一种特殊的发展实践形式。社会经济通常通过采取自下而上、集体合作和有利于

---

① 2011 年 11 月，在广州举办的第九届开放论坛主题为"社会经济在中国"。张曙光、崔之元、潘毅等众多学者参与其中。2012 年年初两期的《开放时代》杂志发表了该次论坛的讨论记录。

② 潘毅，严海蓉，古学斌，等. 社会经济在中国：超越资本主义的理论与实践［M］. 社会科学文献出版社，2014.

③ 在这之前，国内学界已经有关于社会经济的零星讨论。但数量较少，也并未引发系统性的关注。

普通劳动者的发展方式，强调“劳动者和社会目标优先于资本”“成员利益和公共利益的一致性”。① 从全球范围来看，社会经济有许多实践形式，如住房合作社、社会企业、工人合作社和地方交换系统(Local Exchange Trading System)等。②

自十九世纪开始，社会经济就一直与资本主义的市场经济共生，并构成了后者的“反向运动”。资本主义制度在全球的发展带来了诸多消极后果：贫富差距不断扩大、消费主义泛滥、环境破坏、社会服务短缺等。基于对资本主义和自由市场的批判性反思，一些学者呼吁将社会经济作为一种替代性(alternative)的发展路径。③ 尤其当2008年金融危机再次宣告自由市场传奇的破灭时，社会经济实践重新引发了学者们的浓厚兴趣。虽然社会经济一直不是地区性或全球性经济发展的主流，但在大多数国家，人们都可以找到社会经济的各类实践。同时，由于人口老龄化、经济危机等多种因素影响，发达国家的福利体系面临越来越大的压力。在此背景下，尽管学界对社会经济作用的广度和深度尚存争议，但社会经济仍然被作为社会福利政策的补充，被不少国际组织和国家推广。

欧盟在20世纪90年代中后期，就将这一概念引入公共政策制定框架中，并为社会经济组织建立卫星账户④进行核算。经济合作发展组织(OECD)设立的“地区经济和就业发展计划”，从2000年左右将社会经济纳入计划框架内，作为带动就业增长的一大板块。⑤ 社会经济也被联合国作为实现千年目标以及“后2015年发展目标”的重要途径。联合国从2013年

---

① BRYER A R. The politics of the social economy: a case study of the Argentinean empresas recuperadas[J]. Dialectical anthropology, 2012, 36(1-2): 21-49.

② MOULAERT F, AILENEI O. Social economy, third sector and solidarity relations: a conceptual synthesis from history to present[J]. Urban Studies, 2005, 42(11): 2037-2053.

③ AMIN A. The social economy: international perspectives on economic solidarity[M]. London: Zed, 2009.

④ 卫星账户指在正式的国民经济核算体系之外所建立的补充账户，用以核算经济体内未纳入国民经济核算框架的宏观经济数据。

⑤ OECD. Job Creation through the social economy and social entrepreneurship[R]. 2013.

开始成立社会与团结经济跨部门任务组（UN Inter-Agency Task Force on Social and Solidarity Economy，TFSSE），旨在推广社会经济，增加成员国对该概念的认可度，并创造良好的政策环境推动社会经济发展。①

国际劳工组织在推动社会经济发展上更是不遗余力，他们将社会经济作为2008年金融危机之后帮助劳动者就业的重要途径，并认为社会经济因其关注人的基本需要和可持续发展，能够为劳动者提供真正有尊严的工作。2010年，国际劳工组织成立了专门的社会和团结经济学术小组，致力于社会经济的研究和政策推广。依靠国际劳工组织的构架，他们也在一些就业培训项目中向劳动者推广社会经济的理念，并在国际援助项目中建立合作社、互助组以推动社会经济的实践。此外，国际劳工组织也在世界各地区建立社会经济的研究和实践网络，定期举办各类会议，并促进该领域实践者的交流。②

社会经济在其他国家和地区也被政策制定者所重视。由于历史传统和国内政治等原因，法国、比利时、瑞士等国是欧洲各国中对社会经济认可度较高的国家，政府部门会专门出台各类政策和法律框架推动社会经济的发展。以法国为例，2010年的数据显示其社会经济部门为210万人提供就业，占到了全部就业的9%。③面对规模不小的社会经济部门，法国政府也想尽各种办法支持其发展。比如，社会经济组织每吸纳一个符合条件的“弱势人员”，国家就给予相应补贴，此外还有针对刚成立的社会经济组织的创业补贴计划。类似地，比利时对社会经济组织有税收优惠。④ 2004年

① UN Inter-agency Task Force on Social and Solidarity Economy (TFSSE). Social and solidarity economy and the challenge of sustainable development[R]. 2014.

② International Training Centre of the International Labour Organization (ICO): Social and solidarity economy: Our common road towards decent work[R]. 2011.

③ DEFOURNY J, DEVELTERE P. The social economy: the worldwide making of a third sector[M]//Defourny J, Develtere P, Fonteneau B. Social economy north and south. Brussels: De Boek, 1997: 47-48.

④ 比利时的增值税适用企业分为三类，社会经济组织属于第一类，适用6%税率，一些社会经济组织甚至可以享受免税，而另外两类经济组织的适用增值税率分别为12%和21%。

加入欧盟的东欧国家如波兰、捷克等国也纷纷采取相应措施推广社会经济。波兰政府制定的2007—2013年国家发展计划中曾反复提到社会经济，将其作为降低贫困和社会排斥的举措。捷克斯洛伐克也提出类似的发展计划，并将社会经济作为跨部门合作的重要契机。① 在不同地区，人们对社会经济的理解也有所不同。在欧洲和加拿大，社会经济主要包括由政府支持的各类合作社和非营利企业。美国则更多依赖于民间力量，社会经济的表现形式是反新自由主义行动网络的建立。在巴西，社会经济和普通劳动者结合得更紧密，推动社会经济实践的主要是工会、无地工人组织和城市非正规居住区②居民组成的合作社。

(二)中国农村社会经济实践的发展

温铁军总结中国的主流发展模式为“四化”：私有化、市场化、自由化和全球化。③ 这种契合资本在全球范围内扩张趋势的发展模式逐渐成为1978年改革以来中国经济发展的逻辑。过度追求地方工业化和资源资本化的发展主义话语一方面推动了经济增长，另一方面也给农业和农村带来不少消极后果，如农业化学化、小农发展困难、消费主义侵蚀、生态环境破坏、三留守群体问题等。④

国家从2000年左右加大对有关“三农”的政策的支持力度。这些政策在一定程度上缓解了农村地区的衰退趋势。然而，随着工商业资本进入农业生产领域，国家支持多为大户或大企业所用，小农实际受惠力度有限。⑤

① 关于此段法国、比利时以及波兰等国对社会经济的相关政策，参见 European Commission and OECD. Policy Brief on Social Entrepreneurship[R]. 2013.

② 英文是 informal settlement，意指类似于贫民窟、无地农民在城市自己搭建的临时居所等居住区。

③ 玛雅. 新乡村建设的思考与跋涉——专访温铁军[J]. 决策与信息，2008(04)：44-49.

④ 何慧丽，程晓蕊，宗世法. 当代新乡村建设运动的实践总结及反思——以开封10年经验为例[J]. 开放时代，2014(04)：149-169.

⑤ 林春. 小农经济派与阶级分析派的分歧及共识——“中国农业的发展道路”专题评论[J]. 开放时代，2015(05)：125-129.

大多数政策性金融资源倾向于支持大型农业企业。支持农民合作社的资源很容易被商人或农村地方精英所控制，并不能惠及最需要帮助的小农户，以至于不少合作社是“假”的①。

为了应对发展主义话语带来的负面影响，以及农村发展政策执行过程中的精英俘获等问题，社会经济实践在中国农村逐渐兴起。其主要形式包括农民合作社及各类互助团体和公平贸易组织等。社会经济的实践者们旨在探索一条不同于政府或市场主导的农村发展道路，以帮助更多的小农户在家乡即能获得足够的经济收入，改善生活水平。

新乡村建设（New Rural Reconstruction）运动是采用社会经济模式进行发展的典型例子。同民国时期梁漱溟、晏阳初等人推动的乡村建设运动一脉相承，当代的新乡村建设运动旨在复兴城市化、工业化以及资本化的背景下日益衰败的农村。为了区别民国时期的乡村建设，一些学者将当代乡村建设称作“新乡村建设”（简称“新乡建”）。

Hale 将中国的“新乡建”实践概括为：“从经济和文化上加强农村社区建设，复兴和创造可以自给自足并且能够不受全球资本主义经济波动影响的农村社区”。② 吕新雨则以“新乡土主义”将自下而上、小型的、在地化的生产方式理解为新乡建运动中的重要内容。③ 潘家恩、杜洁认为新乡建运动强调经济与社会的平衡发展，包括了“如现代社会对农村的影响、城乡关系、知识分子与民众、农村改革（教育/医疗）”等议题，“并在新时代中增加了生态可持续这样的内容与角度”④。温铁军等实践者和推动者则归纳了三个新乡建的原则：以人民生计为本，合作联合为纲，多元

① 仝志辉，温铁军. 资本和部门下乡与小农户经济的组织化道路——兼对专业合作社道路提出质疑[J]. 开放时代，2009(04)：5-26. 严海蓉，陈航英. 农村合作社运动与第三条道路：争论与反思[J]. 开放时代，2015(02)：180-200.

② HALE M A. Tilling sand：contradictions of “social economy” in a Chinese movement for alternative rural development[J]. Dialectical anthropology，2013，37(1)：51-82.

③ 吕新雨. 新乡土主义，还是城市贫民窟？[J]. 开放时代，2010(04)：115-135.

④ 潘家恩，杜洁. 中国乡村建设研究述评[J]. 重庆社会科学，2013(03)：48-54.

文化为根。①

中国的新乡建实践自2000年左右开始，目前其影响力拓展到全国各地。已有的文献中，新乡建通常指以温铁军为代表的学者发起的，包括晏阳初乡村建设学院、梁漱溟乡村建设中心、小毛驴农场和国仁绿色联盟等机构的体系以及接受新乡建意识形态的各地农民合作社。根据潘家恩、杜洁的研究，新乡建运动在十几年的发展过程中，吸引了一百多所高校的学生参与，影响了十万年轻学生。仅是晏阳初乡村建设学院，截至2007年就已经培训过近八百位农民带头人，帮助建立了几十个农民合作组织。② 新乡建的典型案例，诸如开封“教授卖米”、北京“小毛驴农园”等也被媒体广泛报道。③

除此之外，类似的社会经济实践至少还有另外两个源流：一是倡导城乡互助和公平贸易的非政府组织开展的工作，二是伴随着中产阶级兴起而发展的有机消费运动。前者的典型代表是香港理工大学在内地支持或影响的各类农村发展项目，后者则主要表现为城市消费者群体通过联系城乡社区而寻找健康农产品的各种活动。上述三个社会经济实践的源流通过各种平台进行资源互通和理念共享。这三个源流的社会经济实践主要有两种推动力量。一种来自农村社区之外，包括大学和非政府组织。另一种则来自农村社区内部，由当地农民发起。事实上，虽然新乡建运动最初由学者推动，但新乡建网络中的大多数案例由农民最先发起。

结合国内相关研究以及国外关于替代性发展和社会经济的论述，笔者认为中国农村的社会经济实践至少有四个特点：首先，从下至上的动力模式——往往由非政府机构牵头，而不是政府或者大型企业；其次，关注小

① WEN T, LAU K, CHENG C, et al. Ecological civilization, indigenous culture, and rural reconstruction in China[J]. Monthly review (New York. 1949): an independent socialist magazine, 2012, 63(9): 29-44.

② 根据笔者的访谈和日常搜集的信息整理得到。

③ 参见 http://news.xinhuanet.com/politics/2008-01/09/content_7390431.htm 和 http://www.lifeweek.com.cn/2009/0706/25335.shtml.

生产者或普通劳动者的生计改善；第三，利用当地的、小型的、合作性质的经济体进行发展，强调经济利益分配的公平性；第四，除经济发展外，亦强调社会、文化和生态的可持续性。表1.1列出了中国农村的部分社会经济实践的信息。

表1.1 中国农村的部分社会经济实践列表①

实践地点	发起机构	起始时间	实践内容
吉林省梨树县闫家村	百信农村资金互助社	2003年	资金互助和文娱活动组织
河南兰考县南马庄村	南马庄经济发展合作社	2004年	有机水稻种植、农资统购、资金服务
安徽省阜阳市颍州区三合镇南塘村	南塘兴农合作社	1998年	资金互助、农资统购、土地集体经营、组织文娱互动和农民教育、复兴传统乡邻文化等
河南省信阳市郝堂村	郝堂夕阳红养老资金互助合作社	2009年	开展长者资金互助，发展生态旅游
四川省简阳市东溪镇双河村	简阳新天地水稻种植合作社	2010年	有机水稻种植、生态水产养殖、老人协会、文娱活动组织
云南、四川、广东等省	绿耕社会工作发展中心	2002年	通过建立互助小组共同生产，改善农户生计；同时开展社区教育和乡村文化保护等活动
广东省湛江市良垌镇中塘村	尚义社会工作服务中心	2014年	组织妇女生产合作小组、发展生态农业、服务三留守群体

① 根据笔者的访谈和日常搜集的信息整理得到。

续表

实践地点	发起机构	起始时间	实践内容
四川省、湖南省	地球村乐和家园	2008 年	建设生态村，建立生计互助小组，组织文娱活动
四川省绵竹市	青红社会工作服务站	2009 年	地震后组织残疾人生计互助小组

二、本书的研究目标和结构

中华人民共和国成立后，中国的农村发展经历了土地改革、合作化运动和人民公社、包产到户、税费改革等多个时期。农村经济发展的主导力量逐渐由国家向国家与市场双主体过渡。相较而言，近二十年兴起的农村社会经济实践，其本质是社会力量——既非政府又非市场的主体——对经济发展的主导。因此，它是一个较新的现象，其相关研究也并不系统。本书将描述和分析农村社会经济的实践过程。一方面，笔者将试图通过案例研究提供可能的教训和经验，供实践者参考。另一方面，笔者将尝试回答这一问题：社会经济是否可以通过所谓的“替代性”方法同时实现经济发展和社会发展的目标。

对于上述议题的关注一方面是实践驱动的：中国近二十年的农村社会经济运动需要系统的梳理和记录，并在此基础上加以反思。这不仅对当前正在从事社会经济实践的人们具有参考价值，而且能够回应有关“发展”的政策性议题。社会经济的要旨在于“以人为本、立足社区、互助合作、民主参与”①。这与中共中央提出的“共享发展”，即“共享是中国特色社会主义的本质要求。必须坚持发展为了人民、发展依靠人民、发展成果由人民共享”的理念不谋而合。在 2020 年年底，中央提出“巩固拓展脱贫攻坚成

① 潘毅，严海蓉，古学斌，等. 社会经济在中国：超越资本主义的理论与实践［M］. 社会科学文献出版社，2014：2.

果同乡村振兴有效衔接”的农村发展战略。因此，梳理和描述已有的社会经济实践，总结出既有利于提升普通农村居民生计，又有利于社区综合发展的实践策略，可以助力共享发展的理念的实现，并为社会力量参与乡村振兴提供借鉴。

本书共分为九章。本章介绍了本书的写作背景。第二章回顾了相关的文献。由于国内对社会经济的讨论尚在初期，这一章参考了大量的外文文献，介绍了社会经济的含义以及有关理论。在此基础上，进一步明确了研究问题并搭建了研究框架。第三章阐明了研究方法，同时简要地介绍了本书所研究的两个案例。第四章考察了社会经济实践者的理念形成过程，展示出内生性和外生性社会经济实践的不同知识来源。

第五章到第八章是本书的主体部分，分别从以下五个维度来描述两个案例：市场链接、必需品、公地、剩余分配和赋权。前四个维度来源于 Gibson-Graham 有关社区经济的理论框架。最后一个维度“赋权”受到弗莱雷批判教育学中“对话理论”的影响。其中，第五章介绍了案例的市场链接策略。第六章从必需品维度考察了案例是如何处理商品化问题的。第七章讨论了公地和剩余分配。之所以将这两个维度放在一起讨论，是因为社会经济的盈利很大程度上依赖于公地即公共的资源。公地维度将讲述人们如何管理集体共有的生产资源，剩余分配维度则介绍了人们如何分配经济成果。第八章从赋权维度考察了社会经济如何培养参与者的能力和主体性。最后，第九章总结了两个案例所遇到的结构性困境、在不同维度的策略和内外生社会经济实践在策略上的差异。在此基础上，本书提出了社会经济实践克服某些结构性障碍的可能途径。

出于研究伦理的考虑，本书中的所有地名、人名和机构名称均为化名。

第二章 社会经济及其相关概念

一、社会经济的含义

(一)概念的产生与发展

社会经济作为组织形态，其起源可以追溯到欧洲中世纪的行会、带有宗教色彩的基金会和穆斯林兄弟会等，而“社会经济”这一词汇首先产生于19世纪30年代的欧洲。当时工业革命和由此带来的生产关系的改变造成了巨大的社会阵痛。无产阶级登上了历史舞台，却不得不忍受工资低、工作条件差和资产阶级对工人运动的镇压。人们开始反思，并寻找不同于资本主义的发展道路。一系列旨在实现经济平等、关注劳动者权益的实践开始兴起，包括空想社会主义、基督教社会主义等，构成波兰尼所说的“双向运动”。①

社会经济的概念正是诞生于这一大背景下。它进入公众视野应最先归功于法国社会学家弗雷德里克·勒普莱(Frédénc LePlay)——他将社会经济

① DEFOURNY J, DEVELTERE P. The social economy: the worldwide making of a third sector[M]//Defourny J, Develtere P, Fonteneau B. Social economy north and south. Brussels: De Boek, 1997: 17-23.

定义为一种研究工人阶级生活的学问，并且利用这一概念宣传经济正义。之后，将社会经济概念真正引入学界的则属里昂·瓦尔拉斯（Léon Walras）。瓦尔拉斯是西方经济学的“一般均衡之父”和“边际效用理论的开创者”。在当时的工人运动和合作运动大潮下，瓦尔拉斯也密切关注着经济正义的议题，并参与成立过合作社。瓦尔拉斯将经济学分为三类：纯粹经济学、应用经济学和社会经济学。其中，前两类经济学研究财富生产、经济运行的规律，后一类经济学研究如何正义地在社会各阶级间分配财富。瓦尔拉斯把慈善经济和公共服务纳入其研究的社会经济学之中，其理解的“社会经济”与现代的社会经济概念已经类似。①

后世对社会经济概念的承袭，也大体与19世纪的境况类似。对这一概念的关注均与不同时代的经济社会危机相关：不论在20世纪70年代福利国家的衰退中，还是在20世纪80年代的失业大潮中，当私有部门和公共部门均无法满足人民的某些需要时，社会经济充当了这两个传统部门的替代品。② 总的来看，多数的社会经济实践是以社区为单位、自下而上兴起的，融合了互助合作、绿色发展等各种社会理念，有时亦受到政府的资助。

作为北美地区社会经济的主要实践者之一，Miller指出，当今社会经济的实践有三大类：一是被资本主义经济体制排挤的草根阶层建立各种合作经济的尝试；二是中产阶级主导的消费合作和服务合作运动；三是将二者结合起来，构建当地和全球性的社会经济网络的运动。③ 社会经济的表现形式多种多样，其相关组织活跃于各种经济活动中，涉及生产、消费、

---

① DEFOURNY J, DEVELTERE P. The social economy: the worldwide making of a third sector[M]//Defourny J, Develtere P, Fonteneau B. Social economy north and south. Brussels: De Boek, 1997: 31-36.

② MOULAERT F, AILENEI O. Social economy, third sector and solidarity relations: a conceptual synthesis from history to present[J]. Urban Studies, 2005, 42(11): 2037-2053.

③ MILLER E. Solidarity economy: key concepts and issues [M]//Kawano E, Masterson T, Teller-Ellsberg J. Solidarity economy I: building alternatives for people and planet. Amherst, MA: Center for Popular Economics, 2010.

交换、剩余分配和生产资料所有制的安排等多个环节。如何从纷繁的实践形态中抽出本质来定义社会经济，成为学者们共同关注的话题。

(二)定义

社会经济同“团结经济”“社区经济”具有相同的内涵。规范性定义是目前对社会经济较为主流的定义方法，即将社会经济实践的共同原则抽象出来，作为定义基础。① 其中，最权威、使用最广泛的是欧洲社会经济联盟概括的社会经济七原则，包括：(1)将劳动者和整个社会的利益置于资本的利益之上；(2)成员身份由个人自愿申请加入，并且具有开放性；(3)组织由各成员民主管理；(4)兼顾成员和社会公众的利益；(5)坚持并实践团结和负责的两大原则；(6)不依赖政府并拥有自决权；(7)产生的经济剩余要服务于组织的未来发展、成员或社会大众的利益。②

罗马尼亚的实践者把社会经济定义为：将个人和集体责任以一种有效的方式结合，并以社区的经济发展和社会发展为目的进行产品生产和服务提供的一种经济运营方式。③ 李昭(音)总结了社会经济的四条核心特征，包括将社区或成员利益置于资本逐利的目标之前、自治、内部民主决策过程以及不以资本占比进行分配。④ 其他学者给出的社会经济的规范性定义基本围绕欧洲社会经济联盟列出的七个原则展开。

总的来看，社会经济概念的核心是：弱化资本在经济过程中对剩余的索取权以及对管理决策的控制权。多数学者给出的规范性定义主要从三方

---

① MOULAERT F, NUSSBAUMER J. Defining the social economy and its governance at the neighbourhood level: a methodological reflection [J]. Urban studies (Edinburgh, Scotland), 2005, 42(11): 2071-2088.

② Social Economy Europe. Social Economy Charter[EB/OL]. (2007-02-12)[2016-03-15]. http: //www. socialeconomy. eu. org/spip. php? article263.

③ ASIMINEI R. Social economy — a conceptual framework [J]. Journal of social economy, 2012, 2(1): 24-39.

④ LI Z. Conceptualizing the social economy in China[J]. Modern Asian studies, 2013, 3(47): 1083-1123.

面界定了社会经济。一是针对社会经济和市场的区别来说，社会经济是针对社会或者社区的、公益性或者互益性的活动，并非以获取利润为主要目的。二是针对社会经济和公共部门的区别来说，它是不依附于政府的，即社会经济组织在不违反法律的情况下可以决定自己的领导者以及日常活动的内容。三是针对社会经济的内部运行机制来说，这一点可以再细分为两方面：首先，在内部治理结构上，它是民主的，其成员享受一人一票的表决权，且表决权大小与成员投入的资本或会费无关；其次，在分配上，各成员对经济剩余的占有与其投入的资本无关，而是与其投入的劳动或者与社会经济组织发生的交易量有关。

另一种对社会经济的定义方式为“组织性定义”，即根据社会经济的主要组织形式来界定社会经济。比如，Miller 给出了一个社会经济组织的清单，包括：消费者和生产者合作社、公平贸易组织、社区发展信用合作社、社区支持农业计划推广组织、社区土地信托组织等。①

在欧洲大部分国家的法律框架中，社会经济的组织形式主要分为四类：合作社(Cooperatives)、互助会(Mutuals)、协会(Associations)和基金会(Foundations)。国际公共社会合作经济研究和信息中心(以下简称CIRIEC)②将这四类组织进一步划分为“从事市场和商业活动”和“从事非商业活动”两大类③。

其中，“从事市场和商业活动”的社会经济组织有三个特点：(1)组织在市场上提供产品和服务，并产生经济效益；(2)组织按照“互助”原则成立，组织的成员(所有者)和组织所提供的服务的使用者(或组织收益的获

① MILLER E. Solidarity economy: key concepts and issues [M]//Kawano E, Masterson T, Teller-Ellsberg J. Solidarity economy I: building alternatives for people and planet. Amherst, MA: Center for Popular Economics, 2010.

② 其全称为 International Centre of Research and Information on the Public, Social and Co-operative Economy。

③ International Centre of Research and Information on the Public, Social and Co-operative Economy (CIRIEC) & The European Economic and Social Committee (EESC). The Social economy in the European Union[R]. Brussel: EESC, 2012.

得者)是一个群体，即学者 Gui 所说的“互益性组织”①；(3)组织可以将利润或剩余分配给成员，但不以资本或会员费投入的多少进行分配，而是按照成员与组织的交易量分配。比如消费者合作社按照每个消费者的消费份额进行分配，生产合作社按照每个人的生产量进行分配等。

“从事市场和商业活动”的社会经济组织主要包括合作社和互助会。国际公共、社会与合作经济研究及信息中心(CIRIEC)将从事生产和消费活动的社会经济组织划为合作社，将涉及社会保险和社会服务领域的社会经济组织划为互助会。在 CIRIEC 的框架中，社会企业亦被划入“从事市场和商业活动”的社会经济组织。社会企业是指利用商业策略在市场上运作以达到非商业的公益目的的企业。② 有学者认为，合作社和互助会拥有更为清晰的法律框架，且强调其成员的利益，而社会企业则更多地强调社会整体的利益。同时，合作社和互助会经常采用公有或者集体所有制，而社会企业则经常注册为私人企业。此外，由合作社或互助会控制的一般企业以及它们所资助的非盈利组织，都被 CIRIEC 归为“从事市场和商业活动”的社会经济组织。

第二类“非商业活动”的社会经济组织主要有两个特征。一是以非市场交易的方式提供服务或产品；二是满足“不分配盈余约束”的规定，即不可将剩余分配给成员、决策者或资助者。这一类组织涵盖范围广泛，在西方国家的语境下包括各种协会、基金会、运动俱乐部乃至政党等，是学者 Gui 所界定的公益性组织。这些组织不一定遵守社会经济规范性定义中“民主治理”的原则，但依然包括在社会经济的广义概念内。

根据上述文献梳理，图 2.1 展示了社会经济的构成。广义的社会经济包括“从事市场和商业活动”的互益性经济组织，以及“从事非商业活动”的公益性组织。前者直接从事经济活动，通常符合欧盟社会经济联盟所界定

① GUI B. The economic rationale for the ‘third sector’[J]. Annals of public and cooperative economics, 1991, 62(4): 551-572.

② RIDLEY-DUFF R. Understanding social enterprise: theory & practice[M]. London, Thousand Oaks, Calif.: Sage, 2011: 56-60.

的七项原则，是狭义的社会经济。后者则基本等同于美国的“非营利组织”概念，其组织的盈余不可分配给成员。

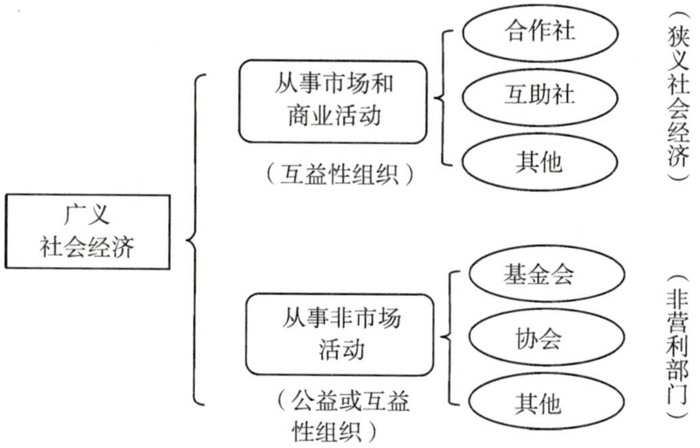

图 2.1　社会经济的构成

(三)多元经济范式中的谱系

社会经济是一个实践驱动的概念，是一类实践的统称。换句话说，社会经济这一概念所囊括的是一个谱系，这个谱系上有不同的实践方式。Graham 等人对于社区经济的定义可以帮助我们去理解这个谱系。① 他们按照交换媒介、劳动、社会组织形式等因素的不同，将经济活动归纳为三个层次(见图 2.2)。

第一个层次是人们通常理解的经济形式：自由市场上，劳动者获取工资，资本配置资源并组织生产；人们用国家发行的货币按照“等价交易”的原则进行交换。在第二个层次，市场和交换媒介的主要功能是满足人们的需要，而非追求利润。市场可能只是一定地域范围内的，所采用的交换媒

① GRAHAM J, HEALY S, BYRNE K. Constructing the community economy: civic professionalism and the politics of sustainable regions [J]. Journal of appalachian studies, 2002, 8(1): 50-61.

介可能是社区内部所认可的“替代性货币(alternative currencies)”①，而非国家发行的货币。在劳动组织形式上，这一层次主要采用合作社和自我雇佣等，最大限度地避免了资本对劳动的挤压。该层次的经济活动也关注伦理问题，注重发展过程中的环境保护和社会公平。在第三个层次，交换媒介消失，以物易物、馈赠等是主要的交换方式。在劳动的组织形式上，这一层次主要包括志愿服务、家庭成员间的无偿相互服务等。Graham 等人甚至将传统的公社、封建经济、奴隶制经济也包括到这一层次中。

	交换	劳动	组织形式
	市场	工资	资本主义
社区经济	替代性市场 本地贸易系统 替代性货币	替代性支付 合作社 自我雇佣 学徒制	替代性资本主义 环保伦理 社会伦理
社区经济	无市场 物物交换 邻里轮流使用 礼物	无支付 志愿者 家务劳动 家庭照顾	非资本主义 社会主义 封建制 部落制

来源：根据 Graham，Healy & Byrne(2002，p. 57)略作修改。

图 2.2　多元经济谱系

Graham 等人用“社区经济”一词去概括第二、三层次的经济活动。由于第二、三层次的不少经济活动与社会经济的特点相吻合，这一框架对认

① 也叫做社区货币，是补充货币的一种。该货币是一定范围内的人们达成协议同意使用的交换媒介，交换媒介的价值决定标准由社区成员定义。通常该类货币的使用需要以建立社区内部的经济交易体系为前提。比如香港圣雅各福群会开展的社区发展项目中，出现的“时分券”就是替代性货币。社区成员向其他人提供服务，可以换取相应的时分券，然后再利用时分券到社区商店换取需要的物品。

识社会经济也有许多帮助。Graham 等人利用上述分类框架强调了经济活动的多样性。他们认为经济活动不应只包含在资本主导的世界里用货币进行市场交换，还应当包括其他各种交换方式和劳动组织方式。不以盈利为目的的社区性市场以及家庭内部的互助都可以算作是经济活动。因此，图 2.2 的分类框架扩大了经济活动的范畴，强调了以“满足基本生存需要”为目的的经济活动。多元经济范式也表明，社会经济存在着各种方法和形式。这些实践按照与主流市场经济的相异程度，构成了一个谱系，形成了不同的层次。

（四）社会经济的主体和维度

截至目前，本书已经介绍了社会经济这一概念产生和发展的背景，以及它的定义方式和多样性。然而，无论是规范性定义还是组织性定义，都尚未突出社会经济的重要内涵。接下来本书将介绍两位在社会经济领域有重要贡献的学者 Eric Olin Wright 和 Gibson-Graham 对于社会经济的解释，以便帮助读者更好地理解这一概念。

Wright 的解释：社会力量的控制

美国社会学家 Wright 通过经济活动和其控制者之间的关系来识别社会经济。他在著作《展望真正的乌托邦》中，根据所有权和权力来阐释不同的经济制度。所有权包括财产权和剩余处置权。权力指对生产资料分配的控制。权力有三类，即经济权力、国家权力和社会权力。其中经济权力基于对经济资源的控制，国家权力基于对规则制定和规则执行的控制，社会权力基于动员人们参与集体行动和志愿工作的能力。上述三种权力的使用均可以获得财产权和剩余处置权。①

Wright 认为社会经济是“替代性经济（economic alternatives）”的一种。替代性经济则是以社会所有权（social ownership）和社会赋权（social

① WRIGHT E O. Envisioning real utopias[M]. London New York: Verso, 2010.

empowerment）为特征的经济制度。Wright 这样定义社会所有权：

在一个“社会”中，所有成员共同拥有能够产生收入的资产。因此每个人都有集体权利可以获得这些生产资料所产生的净收入，并有集体权利处置这些产生收入的资产。①

社会赋权则源于社会权力，其结果是人们的集体行动能力得到增强，并利用这种能力将社会变得“更好”。所谓“更好”，是指大多数人的福祉提高，并且实现可持续发展。社会赋权既是替代性经济得以发起的原因，也是替代性经济的重要目标。

从社会所有权和社会赋权出发，Wright 认为替代性经济是一种制度安排。在这种制度安排下，社会力量直接或间接控制经济活动中生产、消费、分配等各个环节。Wright 梳理出七种替代性经济模式，而社会经济是其中的一种。② 图 2.3 中的实线箭头显示了 Wright 对社会经济的解释，其核心特征是社会力量即非市场且非国家的主体对经济的直接控制。③

Wright 解释说，一些实践者认为上述解释对于社会经济的定义过于狭窄，另外两种形式的替代性经济，即社会资本主义和合作市场经济，也属于社会经济的范畴。④ 如图 2.3 所示，在社会资本主义的经济制度中，社

① 原文是：“（I）ncome-generating property is owned in common by everyone in a ‘society’, and thus everyone has the collective right to the net income generated by the use of those means of production and the collective right to dispose of the property which generates this income.”（见 Wright 原作第 117 页。）

② 其他六种替代性经济是国家社会主义（statist socialism）、社会民主国家管制（social democratic statist regulation）、法团民主（associational democracy）、社会资本主义（social capitalism）、合作市场经济（cooperative market economy）和参与式社会主义（participatory socialism）。

③ “社会力量”的意义，可以参照 Wright 对社会权力的解释来理解。但他似乎并没有非常明确地提出市场、国家和社会三者之间的逻辑差异。通常，市场的逻辑是基于利益的交换，国家的逻辑是强制（coercive power），社会的逻辑则表现为基于公共利益考量之上的集体行动，以及基于他人利益考量的利他行动。

④ WRIGHT E O. Envisioning real utopias[M]. London New York：Verso，2010：142.

会权力通过掌握经济权力间接控制经济，比如消费者向供应商施加压力推动的公平贸易。在合作市场经济中，“个别合作社联合起来组成更大的合作社协会——可以称为合作社的合作社”。这些合作社协会可以直接经营业务，也可以开办公司。因此社会权力可以直接控制经济，也可以通过掌握经济权力间接控制经济。

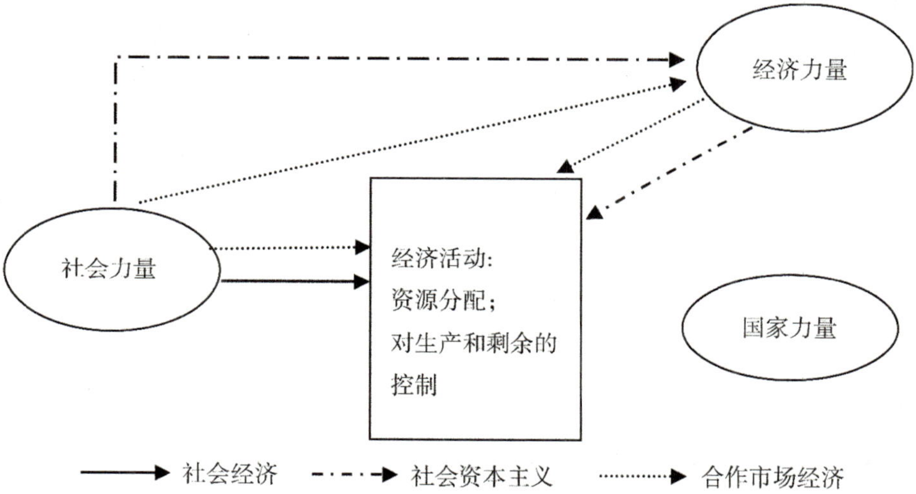

图 2.3　Wright 对社会经济的定义①

Gibson-Graham 的社区经济框架

社会经济的原则可以作用于不同的经济活动环节。许多学者对此有所论述，但 Gibson-Graham 的社区经济框架最为清晰和系统。

根据《香港社会经济宣言》，社会经济应在生产、交换、使用(消费)、分配和价值创造五个环节为替代性经济做出贡献。② 美国的社会经济运动

① WRIGHT E O. Envisioning real utopias[M]. London New York: Verso, 2010: 139-141.

② 潘毅，陈凤仪，顾静华，等. 不一样的香港社会经济：超越资本主义社会的想象[M]. 香港："商务印书馆", 2013.

家 Miller 对于社会经济在不同经济活动环节的具体实践形式做了梳理。比如在生产环节，社会经济强调促进团结的生产过程，其具体形式表现为生产者合作社、家庭为基础的生产作坊等；在交换环节，社会经济致力于满足人们的基本需要，同时提供对劳动者友好的商品价格，以让更多的劳动者生活改善，具体表现形式包括公平贸易、社区货币、以物易物的交易系统等。

Gibson-Graham 是当代社会经济领域的重要学者。Gibson-Graham 这个名字实际上是两个女性学者 Katherine Gibson 和 Julie Graham 共用的笔名。作为女权主义的地理学家，她们致力于在理论和实践上重构社区经济的发展模式。她们所使用的“社区经济”概念与“社会经济”具有相似的含义。借鉴马克思主义政治经济学的原理，Gibson-Graham 从四个维度构建了“社区经济”的理论框架：必需品、剩余、消费和公地。①

“必需品”维度主要指对劳动者基本生活标准的决定。具体体现在对劳动者工作时间和基本工资的确定上。Gibson-Graham 指出，基本生活标准因地区和个人差异而有所不同。在社区经济中，工时和工资的确定应当照顾到个体在社会系统中的各方面需要。比如妇女产假长短和产假期间工资的确定，应当考虑下一代的健康以及家庭代际之间的关系。同时工时和工资的决定也应当有劳动者的参与。在 Gibson-Graham 与另外两个学者共同编写的《夺回经济：改造我们社区的伦理指南》一书中，他们认为社区经济在必需品维度可以推动全民基本工资政策的实施、呼吁政府增加对社会服务的投入、提升社区自给自足的能力等。此外，他们还强调集体行动，以帮助劳动者争取更公平的报酬。②

“剩余”维度上，Gibson-Graham 主要考虑分配的公平性。马克思的“剩

① GIBSON-GRAHAM J K. A postcapitalist politics [M]. Minneapolis, London: University of Minnesota Press, 2006.

② GIBSON-GRAHAM J K, CAMERON J, HEALY S. Take back the economy: an ethical guide for transforming our communities [M]. Minneapolis: University of Minnesota Press, 2013.

余劳动”指劳动者生产某种商品所需要的(社会必要)劳动时间减去为了维持劳动者基本生存和繁衍(劳动再生产)所需要的(社会必要)劳动时间。马克思认为这两者之差产生剩余价值。资本家攫取剩余价值是资本主义社会阶级剥削的手段。而 Gibson-Graham 则提出剩余价值进入社会公共领域的可能性，比如剩余价值通过财政转移支付、社区基金会或慈善基金分配给弱势群体。Gibson-Graham 将进入社会公共领域的剩余称为“社会剩余”。她们将社会剩余产生的过程称作“剩余的分配(surplus distribution)”，以区别马克思所说的资本家“对剩余的占有(surplus appropriation)”。社区经济的特征之一就是能够产生社会剩余，在公共空间中为社区的改善做出贡献。

“消费”维度来源于马克思对生产性劳动(productive labor)和非生产性劳动(unproductive labor)的区分，前者直接创造剩余价值，如工厂工人；后者不直接创造剩余价值如工厂管理人员等。Gibson-Graham 指出这两种劳动的合理配置可以提高生产效率，非生产性劳动也可以间接地为价值创造做出贡献。Gibson-Graham 将上述两个概念应用到对消费的分析上，并提出了生产性消费(productive consumption)的概念。他们认为生产性消费是能够帮助人们释放更多时间用于工作、享受闲暇的消费，有利于提高人们的生产效率，比如购买洗衣机可以视为生产性消费。

在消费维度 Gibson-Graham 提倡应当看到经济活动的社会性。一些消费虽然不是生产性的，但如果能够有利于社区或者生态环境，也值得鼓励。在社区层面，人们应当去从事有利于社区凝聚力和社区公共资产建设的活动。在个人层面，人们应当结合“必需品”维度，重新审视哪些是必要的消费。Gibson-Graham 特别提到良心消费(consciousness consumption)的概念，即个人做消费决策时应当考虑对环境和社会的影响。比如，购买公平贸易商品可以帮助小生产者增加收入，促进分配公平；购买生态农产品有利于减少环境污染。这些都是社区经济所鼓励的。

“公地”维度上，社区经济应当有社区成员可共享的公有资源。公有资源既包括生产资料，也包括公共物品。针对哈丁的“公地悲剧”理论，

Gibson-Graham 指出如果社区成员将其他人看作是共同体的一员，大家协作管理公地就可以避免“公地悲剧”的出现。公地具有多重作用：可以作为社区成员赖以生存的资源，是社区成员归属感的来源，也是社区经济体内部民主决策的基础。

二、关于社会经济的辩论

（一）经验研究中的分歧

对于社会经济是否能达到“推动社会良性变革”的目标，相关经验研究存在较大的分歧。其中最典型的例子是对西班牙蒙德拉贡合作社的研究。蒙德拉贡是全球最大的合作社之一。Gibson-Graham 认为蒙德拉贡是成功的，并总结了它在生产、利润创造和管理方面的社会经济特征。Gibson-Graham 评价蒙德拉贡在资本主义内部开拓出了另一条发展路径，他们认为一些学者之所以批评蒙德拉贡，是因为他们“被单一资本主义经济的愿景所蒙蔽”。① 出于学者和社会活动家的双重身份，Gibson-Graham 比很多学者更注重实践性。她们主张“强化已经存在的非资本主义经济进程”，将蒙德拉贡解读为一种创新的区域发展方式。其潜台词在于：蒙德拉贡模式能否最终演变成资本主义的替代方式或许并不重要，它对当地人民的生计和经济民主已经具备巨大的意义。

Kasmir 则持与 Gibson-Graham 相反的意见。② Kasmir 将自己对蒙德拉贡的经验研究称作“资本主义民族志”。这种民族志“研究全球资本主义与当地社会关系、宗教信仰和实践、政治环境以及各种反抗运动的关系”（p. 382）；既是对资本主义制度的解构，也是对资本主义制度的批判。有

① GIBSON-GRAHAM J K. Enabling ethical economies: cooperativism and class[J]. Critical sociology, 2003, 29(2): 128-157.

② KASMIR S. The mondragón model as post-fordist discourse: considerations on the production of post-fordism[J]. Critique of anthropology, 1999, 19(4): 379-400.

趣的是，在 Kasmir 的心目中，具有反资本主义话语特征的社会经济属于“当代资本主义”研究的范畴。

这样的归类反映了 Kasmir 对蒙德拉贡的批评。Kasmir 认为如果蒙德拉贡的劳工政治运动起源被忽视的话，蒙德拉贡就仅仅是资本主义的变体（variant）而非替代品（alternative）。通过采访蒙德拉贡内部的工人，Kasmir 将蒙德拉贡视为后福特主义下的“商业创新”，并论断其创新目的在于允许资本积累以微妙和有弹性的方式进行。

Gibson-Graham 和 Kasmir 各自代表了社会经济经验研究的两大流派。一派肯定它的作用，认为它可以推动社会的良性变革。① 这一观点不仅受到一些左翼学者的青睐，而且吸引了部分旨在通过创新经济形式缓解社会矛盾的新自由主义者。

另一派则质疑社会经济的变革作用，展示在资本全球化的宏观环境中社会经济的内部矛盾和运作缺陷。在批判派的阵营中，上文提及的 Kasmir 采用了阶级分析的视角。但另一些学者则从其他方面提供了批判的证据。Getz 和 Shreck 以墨西哥生态农业合作社为例，表明在消费端达到公平贸易、良心消费的经济项目，却会在生产端产生社会分化——一些农民转变成中间商，剥削其他农民赚取溢价。② Bryer 通过研究阿根廷社会经济运动认为，工人有特定的文化需求以塑造自己的主体性，这一需求却与运动中要求利润最大化的会计制度相冲突。③

在我国，香港理工大学的学者最先引进了社会经济的概念，并促进学

① 参见 MACLEOD G. From Mondragon to America：experiments in community economic development［M］. Nova Scotia：University College of Cape Breton Press，1997；MATHEWS R. Jobs of our own：building a stake-holder society［M］. Sydney，West Kent：Pluto Press Australia，Comerford & Miller，1999.

② GETZ C，SHRECK A. What organic and fair trade labels do not tell us：towards a place - based understanding of certification［J］. International journal of consumer studies，2006，30（5）：490-501.

③ BRYER A R. The politics of the social economy：a case study of the Argentinean empresas recuperadas［J］. Dialectical anthropology，2012，36（1-2）：21-49.

者在这一主题上的交流。相关学者围绕自由市场的消极影响展开批评，并呼吁建立一种平衡经济和社会发展的新模式。有关中国内地社会经济的经验性研究有限，主要集中在《社会经济在中国：超越资本主义的理论与实践》一书中。书中涵盖了中国内地社会经济实践的三种类型，包括以村庄为单位统一经营的农村集体经济、社区内生的社会经济和外来社会组织发起的社会经济。另一本书《不一样的香港社会经济：超越资本主义社会的想象》介绍了中国香港的社会经济实践。与内地的社会经济实践相比，香港的经验更多地基于社会福利制度和社会工作服务。①

也有学者对中国的社会经济提出质疑，虽然他们未必使用“社会经济”一词。比如有学者指出市场经济带来的利己主义价值观弱化了农民组织的传统纽带，给农民合作带来阻碍。② 社会经济的倡导者虽然一直警惕被大户或企业垄断的“假合作社”的出现，却过于强调农民的同质性，忽略了经济上已经开始分化的农民在合作上的困境。③ 奥地利学者 Lammer 通过对河南某农民合作社的分析，认为合作社缺乏普通社员的积极参与，为少数人主导，是“想象中的合作社”。④ 美国学者 Hale 通过对四个案例的调查，指出了中国社会经济实践面临的结构性矛盾——经济上的成功需要更深程度地将农村社区卷入商品化和资本化过程，社会经济强调的“社区性”并非可以抵御市场侵蚀的利剑。⑤

① 潘毅，陈凤仪，顾静华，等. 不一样的香港社会经济：超越资本主义社会的想象[M]. 香港：“商务印书馆”，2013.

② 温铁军，董筱丹. 村社理性：破解“三农”与“三治”困境的一个新视角[J]. 中共中央党校学报，2010(04)：20-23.

③ 严海蓉，陈航英. 农村合作社运动与第三条道路：争论与反思[J]. 开放时代，2015(02)：180-200.

④ LAMMER C. Imagined cooperatives：an ethnography of cooperation and conflict in new rural reconstruction projects in a chinese village [M]. (Master's thesis) Master of Philosophy，University of Vienna，2012.

⑤ HALE M A. Tilling sand：contradictions of ‘social economy’ in a Chinese movement for alternative rural development[J]. Dialectical anthropology，2013，37(1)：51-82.

(二)对社会经济的争论

国际和国内学者对于社会经济评价的分歧，与革命社会主义和渐进社会主义之间争论如出一辙。而这一争论已经持续了150多年。

由于社会经济的理念建立在对资本主义和自由市场的反思基础上，社会经济从诞生之初就受到了支持社会主义的学者的关注。然而这些学者内部又分为革命社会主义和渐进社会主义两大阵营。这二者都认识到私有制带来的严重不平等，都同意通过建立公有制来消除对劳动者的剥削。① 但这二者的区别在于实现目标的手段。渐进社会主义的倡导者，如欧文、蒲鲁东、巴枯宁，设计了一系列制度来促进合作经济的发展，希望合作经济在资本主义世界内部扩大影响最终改变整个社会。欧文被认为是乌托邦社会主义的先驱，他对工人开展教育，设计对工人友好的管理方法。② 无政府主义的鼻祖蒲鲁东反对工人的政治斗争，提出建立人民银行和等价劳动交换等方法来实现合作经济。③ 其他渐进社会主义者则呼吁通过参加选举获得国家权力，从而引导经济向社会主义发展。

革命社会主义学者对于社会的良性变革则开出了“药力更烈”的处方。马克思认为只有阶级斗争才能为人类的最终解放铺平道路。自马克思之后，革命社会主义对渐进社会主义的批判延续至今。Gibson-Graham 总结了革命社会主义对渐进社会主义的四大批判，尤其是对合作经济的批判。④

首先，渐进主义者没有说明合作经济取代资本主义生产组织方式的具体路径。资本主义的宏观环境没有给合作社提供充足的生存空间：一方

① DEMARTINO G. Realizing class justice[J]. Rethinking marxism, 2003, 15(1): 1-31.

② LEOPOLD D. Education and utopia: robert owen and charles fourier[J]. Oxford review of education, 2011, 37(5): 619-635.

③ HILMER J. Two views about socialism: why Karl Marx shunned an academic debate with Pierre-Joseph Proudhon[J]. Democracy & Nature, 2000, 6(1): 85-93.

④ GIBSON-GRAHAM J K. Enabling ethical economies: cooperativism and class[J]. Critical sociology, 2003, 29(2): 123-161.

面，即使是慈善资本家也不会放弃他们的财产权；另一方面，不考虑已经产生的阶级分化，依赖国家建立合作社很难把不同利益诉求的人们团结在一起。

其次，渐进社会主义者的制度设计缺乏科学的经济分析。在《哥达纲领批判》中，马克思批评了蒲鲁东的价值理论，指出他的劳动货币思想误解了包含在某种商品中的劳动时间，忽视了生产该商品的社会必要劳动时间。因此，劳动货币不能像货币一样具有计量功能。马克思质疑工人能否像渐进社会主义者宣称的那样获得劳动的全部收益，因为劳动所创造的收益必须有一部分用来负担管理成本、生产扩张和抵御风险的储备金。①

再次，可能存在群体个人主义（group individualism）的危险。合作社成员可能形成一个既得利益群体，将其他社区成员排除在外。

最后，合作社的经济可持续性存在问题，尤其是已出现的失败案例似乎佐证了批评者的判断。在欧美，合作社生存的宏观环境是资本主义经济。合作经济很难不被资本主义的价值观如市场至上的逻辑和对利润的追求所影响。长此以往，合作经济体将因忽视政治参与而缺乏社会活力，并不能起到改变资本主义的作用。

然而，社会经济的支持者则认为学术研究应当为实践做贡献，且批判性的背后应当充满建设性。他们认为社会经济实践让“从资本中心主义的沉重控制中解放出来的经济想象”落地，是可以实现的“真正的乌托邦”。Friedmann 和 Mcnair 通过分析食物本地化运动，认为这些小型的地方性社会经济实践是对资本主义的非对抗性斗争，具备潜力去挑战已有的经济权力结构。② Gibson-Graham 认为，对社会经济的批评者正是由于没有看到经济活动的多元性，以至于将当前的经济活动看作一个完全的单一资本主义

① MARX K. Critique of the gotha programme[EB/OL]（2007-02-12）[2020-05-16]. https：//www. marxists. org/archive/marx/works/1875/gotha/，见第二章第二部分“Constituted Value or Synthetic Value”。

② FRIEDMANN H，MCNAIR A. Whose rules rule? Contested projects to certify ‘local production for distant consumers’[J]. Journal of agrarian change，2008，8(2-3)：408-434.

经济体，才以一种过于苛刻的态度对社会经济实践进行质疑。她们认为，在一个资本主义全球化的时代，任何独立的社会经济实践都要面临与外界的资源互动，因此不可能独善其身。社会经济虽然有诸多内在矛盾，但人们却不能对其全盘否定。Gibson-Graham 援引一位学者的话说道："没有既定的道路可以参考"，"没有任何一种经济模式能够从架子上被拿下来，直接放到一个地方就可以保证它的成功"，① 因此，只有在实践中探索，才能找寻社会经济的真正价值，将乌托邦变为现实。

马克思主义学者 Wright 则将社会经济作为"通向解放的蜕变"形式之一。Wright 认为社会经济是另一种斗争。相比激进的社会变革，它软化了既得利益集团和大众之间的对立，更容易克服来自精英阶层对于社会变革的阻碍，从而使大众受益。他写道：

> 相对较小的社会变革累积起来，最终可以为整个社会系统的动力和运行逻辑带来质变。…这种蜕变过程必然伴随着权力斗争以及与统治阶级和精英的对抗。这一社会变革轨迹以制度创新为标志，而这些制度创新能够缓解利益受到威胁的精英们的阻碍。一些时候来自既得利益者的反对充满了危险狂暴，难以被控制且有着巨大的破坏性。所以，以渐进的方式推动社会的蜕变并不是放弃斗争，而是以一种特殊的方式来看待斗争的战略目标和效果：通过对社会系统的潜在结构和已有的社会再生产机制逐渐施加改变，产生积累效应最终实现社会变革的目标。②

Wright 的社会变革理论为兼具批判性、建设性和实践指向的研究提供了可能的路径。关于社会经济的理论较为稀缺。Wright 的社会变革理论是

① GIBSON-GRAHAM J K. Enabling ethical economies: cooperativism and class[J]. Critical sociology, 2003, 29(2): 123-161.

② WRIGHT E O. Envisioning real utopias[M]. London, New York: Verso, 2010: 321.

最有影响的理论之一。在《展望真正的乌托邦》中，他以构建解放社会科学为目标，提出了通过替代性经济形式进行社会变革的理论，系统地解释了资本主义社会变革的必要性、障碍、要素和可能的策略。

(三)社会变革路径与社会再生产

社会变革路径

Wright 所描述的三种超越资本主义的社会变革路径，构成了社会变革理论的主体部分。这三种路径分别是：断裂性(Ruptural)变革，间质性(Interstitial)变革和共生性(Symbiotic)变革。断裂性变革通过直接的、对抗性的政治斗争来建立新社会，其理念是“先破后立”，它建立起的新社会制度相对于原有社会制度有着巨大的突破。社会主义革命是断裂性变革的典型。

而间质性变革和共生性变革则都属于“蜕变性变革”，即通过非断裂性的、较小的行动来最终实现社会的质变。其中共生性变革是既有利于经济分配公平，又维持社会精英既得利益的变革方式。比如资本主义国家的民主化，尤其以社会民主主义为代表。共生性变革为大众建立了表达意见的渠道，在维持了资本主义结构的同时尽可能地缩小贫富差距。

间质性变革通过在资本主义社会的缺口和边缘上构筑各类新的发展形式来实现，通常不会对精英们的利益构成直接威胁。社会经济就属于间质性变革。间质性变革具有空想社会主义的一些特征，也因此遭到了部分马克思主义者的批评。作为一个马克思主义者，Wright 承认这些批评有一定的合理性，但是却过于严苛。他本人持与 Gibson-Graham 相似的观点：在资本主义已经很强大且没有什么方法可以立刻威胁到它的世界里，人们仍然可以去做一些事情，而这些事情很有可能在未来某些特殊时刻开启不同的可能性，从而引发社会变革。因此，真正的问题在于“间质性变革”如何能够在更大的范围内促进社会的改变。

图 2.4 阐释了 Wright 的间质性变革理论。他认为，只要在实践中不断

超越现有社会结构带来的束缚，间质性变革是有可能最终推动形成新的社会结构。图 2. 4 的曲线是间质性变革的发展路径，类似于一个单调递增函数。纵轴是普通民众的生活水平，横轴则是时间。在这一发展路径上，民众的平均生活水平随着时间的推进而逐渐提高。间质性变革刚开始时，社会进步的速率(曲线向上各点切线的斜率)是逐渐增长的。但是，如变革在某一个时刻(拐点 1)遇到阻碍，社会进步的速率就将逐渐放缓，变革也进入到第二阶段。如果间质性变革逐渐突破了这些障碍，将发展路径延伸到拐点 2，社会进步速率又将回到逐渐增长的情形，即进入第三阶段。之后，间质性变革将重复“社会变革速率增长—障碍—社会变革速率下降—突破障碍—社会变革速率增长”的循环里，直到社会发生质变，社会进步速率持续增长，普通居民的平均生活水平也能保持稳定的提升。

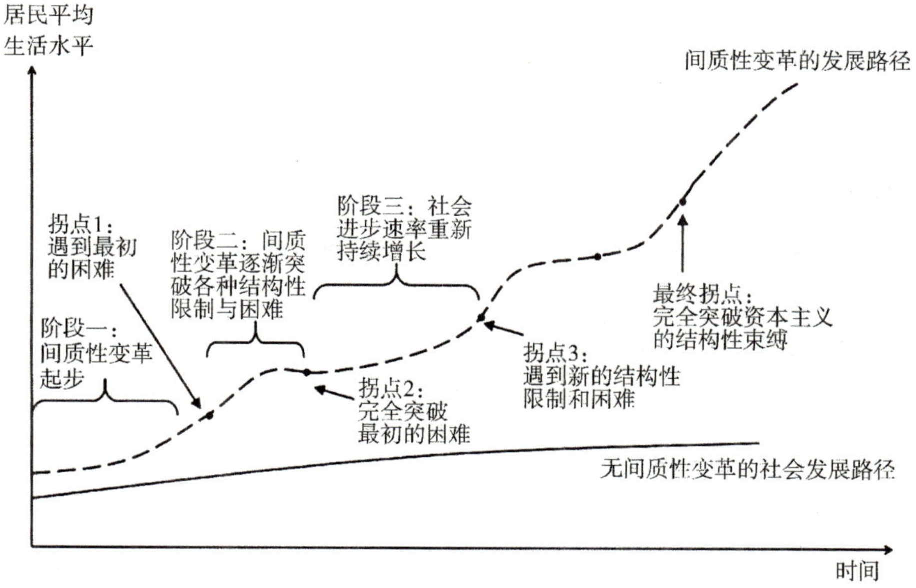

图 2. 4　Wright 的间质性变革理论①

① 根据 WRIGHT E O. Envisioning real utopias [M]. London; New York: Verso, 2010: 333 的图修改而成。

Wright 关于间质性变革的论述，实际上回应了社会经济的争论：只要间质性变革能够不断地在实践中突破各种限制和阻碍，那么，通向经济民主的发展路径就是可能的。他的论述也为本书的分析提供了思路：分析社会经济案例应当识别不同的阶段和关键节点。社会经济实践不可避免地会受到各种因素的阻碍，对其进行评价的重要标准是其能否以及如何克服这些障碍。

社会再生产

Wright 用“社会再生产”的概念解释了社会变革所遭遇的结构性障碍。社会再生产在社会科学中常常指社会阶层的代际复制，但 Wright 用这一概念指代社会结构的再生产，即现有的社会结构存在一系列机制来复制并保存原有的社会秩序和社会关系。① 他认为社会再生产是社会经济这种替代性经济实践的最大挑战。

Wright 区分了主动和被动两种社会再生产机制。其中主动社会再生产机制是由权力掌控者用强制性的方式维护既得利益，通过设置特定的制度来维持现有的社会结构。最典型的例子包括警察局、法院等国家机器，教育制度，媒体和宗教等。被动社会再生产则是通过社会结构来形塑的人们的主观意识和行为习惯，间接地维持已有的社会秩序。Wright 认为被动社会再生产根植于人们的日常生活中，包含但不限于布迪厄所说的经由文化资本催化的社会再生产。人们对既定的社会结构和运行规则习以为常并且认为理所当然，以更好地适应当下的社会结构，比如工人完全遵守工厂的规章制度以获得奖励。

Wright 认为主动和被动两种社会再生产机制阻碍着替代性经济的发展。他同时认为，只有将这些社会再生产机制识别出来，并且讨论它们是否以及如何被克服，才有可能让推动社会积极变革的行动发挥作用，从而构建

① WRIGHT E O. Envisioning real utopias[M]. London; New York: Verso, 2010: 274-290.

一个更公平正义的政治经济秩序。

对于被动社会再生产，Wright 特别提到了“主体性”再生产的机制：精英和统治阶层通过控制大众媒体、引导家庭代际教育和学校教育的方向，塑造“主流的”意识形态和文化，通过潜移默化的方式让人们接受甚至崇拜当前的社会秩序。当个人在日常生活中因结构性因素感到无能为力时，这种主体性将与生活经验相互作用，最终祛除个人权能。

三、赋权：突破社会再生产的一种方法

Wright 在微观层面上对被动社会再生产的阐述与“习得性无助”这一概念非常相似，Barber 将习得性无助定义为由于以前的失败经历而使人们无法努力克服困难的心理状态。① 然而，无论是被动社会再生产生成的主体性，还是个人失败经历导致的习得性无助，都是可以再被解构和改变的。Butler 认为主体性的发展是一个动态的过程，这个过程不仅“单方面地作为一种统治形式作用于给定的个体，而且激活或形成主体”②，形成新的行动者。赋权(empowerment)，则是激活主体性，克服习得性无助的重要方法。

在社会服务和社区发展研究中，赋权具备反专业主义的内涵。它最开始被心理学家关注，与互助的传统有关。社会心理学家 Rappaport 认为“在家庭、邻里和社会网络中，帮助系统会自发地产生，人们在这一系统中可以找到生活的意义和社区归属感”。Rappaport 认为心理学专业只给需要帮助的人们提供了有限的选项，而自发形成的互助系统则是这些有限选项的重要替代方案。③ 赋权则是根植于互助系统中的重要助人方法。

在社会工作领域，赋权的提出带来了实践范式的转变。赋权的核心是

---

① BARBER J G. Beyond casework[M]. Basingstoke: Macmillan, 1991.

② BUTLER J, BUTLER J P. The psychic life of power: theories in subjection[M]. Stanford, Calif.: Stanford, Calif.: Stanford University Press, 1997.

③ RAPPAPORT J. Studies in empowerment: introduction to the issue[J]. Prevention in human services, 1984, 3: 1-7.

人们对自己生活的“控制”。Rappaport 认为赋权是“人、组织和社区掌控自己生活的机制”。他强调赋权的两个特性：服务对象的自主性和解决方案的多样性。① 他将赋权的基本思想归纳为“人们通过自己或在他人的帮助下获得对自己生活的更多控制”。而《社会工作词典》将赋权定义为：

> 个人、群体和/或社区能够控制自己的生存环境并实现自己的目标，从而能够帮助自己和他人最大限度地提高生活质量的手段。②

赋权强调个人和群体对自己生活的控制，与社会再生产隐蔽地掌握个人的行动和思想构成了鲜明的对比。因此，作为一种行动方法，赋权是在某种意义上对抗社会再生产的方式。在社会经济实践中，赋权的使用也关系到参与者是否能够从“主流”思想的束缚中挣脱出来，接受替代性的发展理念，并且为社区层面的社会变革投入自己的力量。

（一）赋权的层面

赋权可以发生在不同的层面，包括个人、组织和社区层面。Zimmerman 认为个人层面的赋权主要是心理上的赋权，是其他层面赋权的基础。个人层面的赋权可进一步划分为内在、交互和行为三个层次。内在赋权的表现是相信自己有能力做决策和控制生活。交互性赋权培养的是对社会和政治环境的理解力，以及判断这些环境如何影响个人生活的能力。交互性赋权中，批判意识非常重要，可以帮助人们弄清楚应当做什么、什么时候做以及如何去做。行为赋权最终产生的是参与行动尤其是集体行动的能力。③

---

① SADAN E. Empowerment and community practice[EB/OL](2004)[2020-04-10]. http://www.mpow.org/elisheva_sadan_empowerment.pdf.

② THOMAS M, PIERSON J. Dictionary of social work[M]. London: Collins Educational, 1995: 134.

③ ZIMMERMAN M A. Psychological empowerment: issues and illustrations[J]. American journal of community psychology, 1995, 23(5): 581-599.

Parsons 认为赋权既可以是一个内部过程，也可以是一个外部过程。① 内部过程类似于 Zimmerman 所说的个人内在赋权。外部过程类似于行为赋权，注重行动能力的培养，通常在集体环境中获得，也被称为政治赋权。

组织和社区赋权体现的是个人赋权的集体状态，表现为集体行动的能力。尤其是社区赋权其最终结果为获得资源和影响公共政策。个人、组织和社区三个层面的赋权不是独立的。个人赋权需要通过参与某个组织或社区事务来实现。表 2.1 描述了不同学者总结的赋权层次。

表 2.1　不同学者对于赋权维度的分类

学者	赋权层次	赋权目标
Kieffer(1984)②	技能	应对个人生活的能力
	批判性思维	反思社会结构，识别造成个人生活状态的结构性原因的能力
	参与能力	参与社会组织和社区活动的意愿，以及与其他人合作的意愿
	抗逆力	应对挫折的能力
Gruber & Trickett (1987)③	心理赋权	相信自己能够应对日常生活
	政治赋权	(在组织中)参与对自己有影响的决策的能力
Parsons(1988)	内部过程	相信自己能够应对日常生活
	外部过程	利用知识、信息、技能和其他资源解决群体问题的能力

① PARSONS E. Evolution of empowerment practice[M]//Gutierrez L M, Parsons R J, Cox E O. Empowerment in social work practice: a sourcebook. Pacific Grove, Califnia: Brooks/Cole, 1988: 126-129.

② KIEFFER C H. Citizen empowerment: a developmental perspective[J]. Prevention in Human Services, 1984, 3(2-3): 9-36.

③ GRUBER J, TRICKETT E J. Can we empower others? The paradox of empowerment in the governing of an alternative public school[J]. American journal of community psychology, 1987, 15(3): 353-371.

续表

学者	赋权层次	赋权目标
Zimmerman(1995)	个人内在赋权	相信自己能够应对日常生活
	交互性赋权	理解社会和政治环境，以及它们如何影响个人生活的能力；对于批判性思维的培养
	行为赋权	参与能够改变个人生活的集体行动的意愿和能力

基于参与者的权力体验，Rocha 绘制了图 2.5 所示的赋权阶梯。① 赋权从个人层面最终发展到社区层面。第一级阶梯是原子化的个人赋权，关注个人在日常生活中的能力。第二级阶梯是嵌入式个人赋权，个人通过参与各种组织适应生活环境。第三级阶梯是媒介赋权，指由专业人员帮助而实现的赋权。Rocha 提醒人们在这种情况下应该关注知识的不平等。第四级阶梯是社会政治赋权，强调培养对社会环境的反思意识。第五级阶梯是政治赋权，指参与获取资源的集体行动的能力。在五级赋权阶梯模型中，参与和反思性被列为赋权的关键成果。

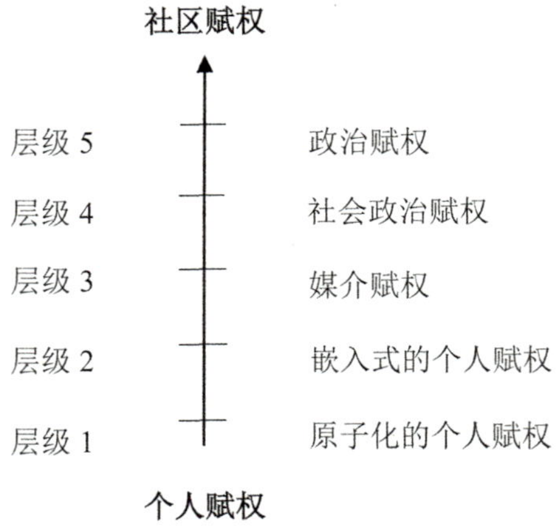

图 2.5　Rocha 绘制的赋权阶梯

① ROCHA E M. A ladder of empowerment [J]. Journal of planning education and research, 1997, 17(Fall): 31-44.

对赋权分类，并不意味着某一类的赋权类型比另一类更重要。但是不同类型的赋权实现难度是有差异的。Zimmerman 认为个人层面的赋权仅在生活技能上得以提高是不够的，还需要提高对社会环境的认知和反省意识。Rocha 则论断道，嵌入式个人赋权比原子化的个人赋权要复杂得多，因为前者需要将个人与更广泛的社会背景联系起来。

由此可见，许多学者将个人层面和社区层面的赋权进行整合。其背后的含义是：赋权实践应该将个人与结构性因素联系起来，使个人反思更广泛的社会背景。如表 2.2 所示，笔者认为社会经济实践中也需要对参与者进行两种赋权：处理日常事务的个人能力和意识提升。个人能力上的赋权有两个表现：一是心理上对自我的认可和信任，二是行动的能力，比如完成某项具体工作的技巧、方法等。意识提升上的赋权也包括两个维度：一是将个体与社会结构联系起来的能力；二是集体认同的形成。根据表 2.2，本书将在第八章讨论社会经济实践的赋权方法。

表 2.2　社会经济实践的赋权维度分析框架

赋权的层次	表现	内涵
个人处理日常生活的能力	自信提升	相信自己具备能够处理好日常生活的能力
	能力提升	自己应对生存和生活的能力得到提升
意识提升	对于社会结构的反思能力	将个人生活与社会结构联系起来，并反思社会结构，识别造成个人生活状态的结构性原因
	集体身份认同	了解到自己的遭遇并不是个案，愿意积极参与到群体事务中，并与他人一起合作解决问题

(二)“提问式教育”和“对话”理论

由于被动社会再生产和习得性无助的养成，表 2.2 中意识提升层面的赋权有一定难度。巴西教育学家 Paulo Freire 的“提问式教育”和“对话”理论被认为是克服“习得性无助”的方法。许多学者甚至将赋权视为 Freire 教育理论在社会工作领域的转译。①

Freire 以其影响深远的著作《被压迫者教育学》而闻名。他的思想来源于对拉美底层人民的教育实践。《被压迫者教育学》至少传达了四个关键论点：(1)个人的解放应该基于他们自己而不是专业人员的能力。(2)每个人都有这种能力，这种能力能够被引导出来。(3)通向解放的社会变革必须伴随个人和群体的意识提升(consciousness raising)，如此一来个人方可将自己的处境与更广泛的社会背景联系起来。(4)要实现意识提升，“对话”是教育过程中必不可少的手段。②

Freire 认为大部分的教育方式是“储蓄式教育”：“教师不是与学生交流，而是向学生的大脑里‘存款’，学生耐心地接收、记忆和重复”。③ 在 Freire 看来，“储蓄式教育”将知识、技能强塞给学生。只不过是精英们为了维持当前的社会意识形态而采取的控制手段，是社会再生产的一种形式。这种教育方式下，普通人分析社会的能力被剥除。

Freire 呼吁另一种范式“提问式教育”。在当时拉美的背景下，这种范式的目的是提高底层人民对压迫性制度的辨识能力，形成个人对世界的认识。Freire 认为真正通向解放的行动必须“放弃储蓄式教育的目标，代之以提出人与世界关系的问题”④。“提问式教育”的第一个特点是消除师生的二元对立，即消除专业教育的权威，让教师和学生回归平等的关系。老师不仅是“教书的人”，而且是在与学生的对话中自身获得学习和成长的人。第二，提问式教育中老师的作用是提出问题，引导学生认识到以前被忽略的现象。这种现象通常被认为是理所当然的，但实际上却隐藏着应该解决的问题。老师在听完学生的回答后应该重新思考自己的想法。因此，“提

① PARSONS R J, JORGENSEN J D, HERNANDEZ S H. The integration of social work practice[M]. Pacific Grove, CA: Brooks/Cole, 1994.

② FREIRE P. Pedagogy of the oppressed[M]. London: Panguin Books, 1972.

③ FREIRE P. Pedagogy of the oppressed[M]. London: Panguin Books, 1972: 45-46.

④ FREIRE P. Pedagogy of the oppressed[M]. London: Panguin Books, 1972: 52.

问式教育”可以同时激发学生的批判性思维和教师的反思性。

“对话”是提问式教育的方法。Freire 将“对话”定义为“由世界充当中介的人与人之间的相遇，目的是命名和改造世界”①。Rule 将“对话”解释为探索自我和他人之间关系的过程。双方在对话中产生的思考和行动，可以为打造一个更人性化的世界做贡献。Freire 认为，“对话”应该以爱、谦逊、希望、批判性思维和信仰为基础。从方法论的角度来看，对话是从人们的想法中提取主题，然后当教育者向人们展示这些主题时，询问他们存在特定想法的原因。在对话中，教育者和受教育者相互学习，激发双方的批判性思维。

在社会经济实践中，主体性的塑造至关重要。作为替代性经济，社会经济的发展理念和模式不同于人们通常看到的经济项目开发。如何引导参与者走出消费主义、物质至上的主流思想？如何通过赋权来帮助人们克服习得性无助，并意识到发展社会经济的意义？这些问题的解决都需要意识提升层面的赋权。因此，Freire 的理论对于本书分析社会经济的赋权维度具有重要的参考价值。

四、发展的主体类型

社会经济实践有不同的动力来源。一些实践源于社区内部的需求，而另一些则主要由外来的社会组织推动。推动主体的不同导致运作策略的差异。因此，有必要借鉴社区发展类型学的文献，观察社会经济内外驱动力之间的差异。

一般来说，学者主要根据两个维度对社区发展模式分类。一是不同群体之间的利益是否可以调和。如果认为社区中不同的相关方没有根本的利

① 这里是学者 Rule 对 Freire 理论的转述，英文原句为“the encounter between men, mediated by the world, in order to name the world and to transform the world”。见 RULE P. Bakhtin and freire: dialogue, dialectic and boundary learning [J]. Educational philosophy and theory, 2011, 43(9): 924-942.

益冲突，实践者往往采用基于共识的模式(consensus approach)，通过团结不同的群体来实现社区发展。如果认为不同群体之间存在根本的利益冲突，且存在权力分配的不均衡，实践者则倾向采用基于冲突的模式(conflict approach)，以寻求权力的重新分配。① 第二个维度是社区成员的参与和控制程度。社区发展往往有政府官员、社工等各类专业人员的参与。这些专业人员因为拥有一定的知识而具备技术性权威，甚至可以主导社区发展的决策和方向。在不同的项目中外来专业人员和社区成员之间的互动模式不同，社区成员对于社区发展的控制程度亦有所不同。由于本书中的两个案例都属于基于共识的社区发展模式，因此社区成员的控制程度对于本书的参考价值更大。

Rothman 和 Christenson 的对社区发展模式的经典分类即参考了上述两个维度。Rothman 于 1968 年界定的三种社区发展模式，即地方发展、社会规划和社会行动，被认为是宏观社会工作最有影响力的框架之一。② Christenson 在 1989 年对社区发展模式的三种分类——自助、技术援助和冲突模式——也被广泛引用。③ 上述两种经典分类虽然有不同的命名系统，但分类逻辑非常相似。

自助模式和技术援助模式都属于基于共识的模式，它们的主要区别在于社区成员对项目的控制程度。自助模式“将社区干预理解为在地的、自下而上的社区成员自我引导过程”。技术援助模式利用专业知识为解决重大社会问题提供技术方案。

技术援助模式将专家置于权力结构的更高层次，视社区成员为被动的

---

① EICHLER M. Consensus organizing: building communities of mutual self-interest [M]. Thousand Oaks, London: Sage publications, 2007.

② ROTHMAN J. Approaches to community intervention[M]//Rothman J, Erlich J, Tropman J. Strategies of community intervention: macro practice. Itasca, IL: Peacock Publishers, Inc., 2001.

③ CHRISTENSON J A. Themes of community development[M]//Christenson J A, Robinson J W. Community development in perspective. Ames: Ames: Iowa State University Press, 1989: 26-47.

“消费者”①。社区成员往往只要坐等专家的规划和技术输出，有可能产生对专家的依赖。一些学者批评技术援助模式本质上是反社区能力建设的。相比之下，自助模式则让社区成员控制识别问题和制定解决方案的整个过程。即使有外部资源流入，社区成员在发展过程中依然发挥着主导作用②。表 2.3 是对技术援助和自助两种模式的比较。

表 2.3　自助和技术援助两种社区发展模式的对比③

	对社会的看法	对个体的看法	预设	核心目标	常用行动
自助模式	机械化	内在向善，但这种内在的向善被压抑了	人们有权利和能力去界定并解决自己的问题	提升人们集体行动的能力	社区能力建设
技术援助模式	科层化	个人在系统中，其行动受制于系统	科学为解决问题提供方法	运用科学手段解决社会问题	技术引进

尽管自助和技术援助模式之间存在明显的区别，但二者可以兼容。技术援助模式可以发掘本地优势，关注本土知识以及技术对社区的影响。对于自助模式，外部技术专家也可以做出贡献。

---

① ROBINSON J W, FEAR F. The technical assistance approach[M]//Robinson J W, Green G P. Introduction to community development: theory, practice, and service-learning. Los Angeles, US: Sage Publications, 2011: 55-70.

② GREEN G P. The self-help approach to community development[M]//Robinson J W, Green G P. Introduction to community development: theory, practice, and service-learning. Los Angeles: SAGE, 2011: 71-84.

③ ROBINSON J W, FEAR F. The technical assistance approach[M]//Robinson J W, Green G P. Introduction to community development: theory, practice, and service-learning. Los Angeles, US: Sage Publications, 2011: 58.

许多西方学者在对社区发展实践进行分类时都区分了内部控制和外部控制，并分别讨论了可能的影响。Ife 和 Fiske 认为，西方国家自上而下的社区发展模式可能存在阶级压迫的风险，由外而内的社区发展模式则可能会遇到殖民主义的风险(见图 2.6)。① 他们认为，从社区内部自下而上的动力来源最有利于社区发展。Colombo 则批评社会规划模式，认为它过于强调专业权威以至于将与专业人员的不同意见直接视作不合理的。社会规划模式通常无助于改变社区内不平等的现状，因为在决定邀请哪些团体或组织进行论证时总是存在偏见。②

	外部力量	内部力量
自上而下	传统发展模式	社区精英
自下而上	NGO	本土草根

注：传统发展模式指政府牵头实施的发展项目。

图 2.6　社区发展的动力模式和主体③

社区控制作为区分社区发展类型的一个维度，与“二战”后全球范围内草根运动(Grassroots movement)的出现有关。草根运动“是对‘二战’后现代

① IFE J, FISKE L. Human rights and community work: complementary theories and practices[J]. International social work, 2006, 49(3): 297-308.

② COLOMBO L. Action strategies for community development[EB/OL]. (2003)[2018-03-19] http://www. neighborhoodplanning. org/pdf/ActionStrategiesforCommunityDvlpmt. pdf.

③ IFE J, FISKE L. Human rights and community work: complementary theories and practices[J]. International social work, 2006, 49(3): 306.

化进程中以官僚主义为中心的发展体系的纠正”①，强调社区成员而不是外部主体，如政府、非政府组织、公司和全球性的发展机构(例如，世界银行或联合国)对于社区相关问题的决策。因此，社区发展中的内部控制着眼于激发社区成员的内生动力，同时具有反精英主义的特征。

五、研究问题和研究框架

(一)研究问题

总的来说，大部分有关社会经济的研究来自国外。不少文献聚焦于解释社会经济的概念，或构建替代性发展的话语体系。国际学界对社会经济存在争论，这些争论为分析社会经济提供了理论视角。目前世界各地的经验性研究为这些争论提供了不同的证据。虽然中国农村已经有许多的社会经济实践，相关经验性研究则较少。实践和研究之间存在一定的差距。

Wright 和 Gibson-Graham 的观点为开展兼具批判性和建设性的研究指明了方向——关键问题不在于判断社会经济能否从根本上改造世界，而在于如何在既定的社会结构中构建新的发展路径并找到合适的策略。Wright 的社会变革理论从宏观层面探讨了社会经济面临的结构性障碍。然而结合具体情境揭示社会经济面临的挑战的研究尚不多。此外，如被动社会再生产概念所提示的，人们主观上的无助感和不愿意改变，将是社会经济在组织过程中面临的重要挑战。但目前的经验性研究也较少涉及。

西方社区发展的文献，已经识别了内部和外部动因各自的特点、优势和不足，也为本书提供了分析视角。但有关内生性和外生性社会经济实践的差异仍然缺乏探讨。

对于中国农村的社会经济实践，有必要描述其发展过程，以探索多元

① GASTEYER S P, HERMAN C K. Grassroots rural development: models of development, capacity and leadership [M]//Green G P. Handbook of rural development. Cheltenham, UK: Edward Elgar Publishing, Inc, 2013: 56-73.

化的农村发展模式，为未来的行动者和决策者提供经验和教训。结合文献回顾，本书将采用案例研究的方法，试图探讨下列问题：

(1)中国农村的社会经济实践采用了哪些策略？

(2)它们会遇到哪些结构性障碍？克服这些障碍的可能策略是什么？

(3)内生性和外生性的社会经济实践在不同维度的策略和效果上有何区别？

回答上述三个问题，实际上是从三个维度来勾画中国农村社会经济实践的轮廓。研究问题(1)主要是考察社会经济的运行过程：它如何获得资源，如何在"社会"和"经济"目标之间取得平衡，又如何塑造人们的意识以培养人们参与社会经济的意愿？研究问题(2)回应了社会经济与当前社会结构之间的关系。社会经济是一种间质性社会变革，它所处的宏观环境充斥着"社会再生产"机制。研究问题(2)试图探讨社会再生产机制带来的结构性障碍如何影响社会经济。结合研究问题(1)，本书将进一步追问：有没有什么策略既可以帮助社会经济应对遇到的障碍，又可以保持原有的目标。考虑到内生性和外生性社会经济实践并存的事实，研究问题(3)可以在一定程度上展示社会经济实践主体及其过程的多样性，通过对比内生和外生两种社会经济的运行方式，识别提升社会经济成效的策略。

(二)研究框架

图2.7展示了本书的研究框架。本书将先阐述两个案例各自的发展理念。然后描述社会经济的运行过程。描述框架主要根据Gibson-Graham的社区经济理论来构建。除了继承她们对于剩余维度的解释之外，本书对其他维度均稍作修改。本书将消费维度修改为市场链接维度。Gibson-Graham从消费者的角度强调良心消费。由于案例分析主要涉及生产者，笔者将结合Gibson-Graham对于替代性市场的呼吁来描述案例的市场链接策略。

在必需品维度，Gibson-Graham呼吁"为了生活而工作"。她们鼓励人们减少对市场的依赖来获得生活必需品。本书将主要检视在市场经济的宏观背景下，社会经济实践如何处理商品化的问题——社会经济是否必须更

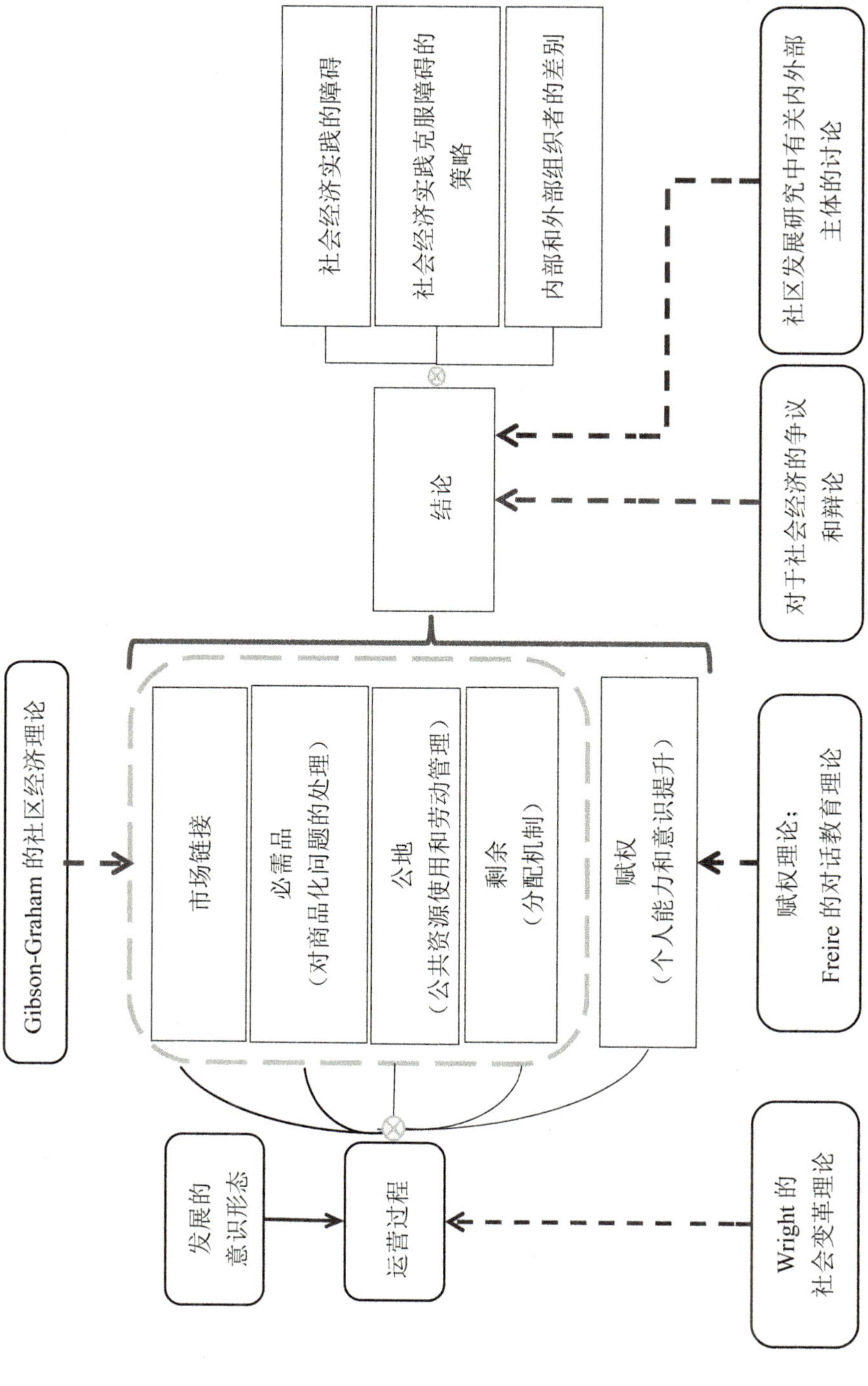
Gibson-Graham 的社区经济理论
市场链接
必需品
（对商品化问题的处理）
公地
（公共资源使用和劳动管理）
剩余
（分配机制）
赋权
（个人能力和意识提升）
赋权理论；
Freire 的对话教育理论
发展的
意识形态
运营过程
Wright 的
社会变革理论
结论
社会经济实践的障碍
社会经济实践克服障碍的
策略
内部和外部组织者的差别
对于社会经济的争议
和辩论
社区发展研究中有关内外部
主体的讨论

图2.7 本书的研究框架

深地融入市场，从而使农村社区更加商业化？社会经济能否摆脱“金钱说了算”的主流发展思想？是否存在某些策略既能让人们获得生活必需品，又不至于被过度的商业化裹挟？

在公地维度上，土地通常是农村社区重要的公有资源。本书主要聚焦集体经营的土地上的劳动管理问题，辅之以对其他公有资源及其管理的描述。对于剩余维度，按照原有的解释，本书将重点探讨“剩余分配”的机制，并关注用于社区福利的“社会剩余”。

考虑到赋权对于培养参与者主体性的意义，笔者在社区经济的理论框架之外又增加了赋权维度。赋权维度主要借鉴了 Freire 的提问式教育和对话理论，旨在分析社会经济参与者能力和意识提升的过程。由于本书所选的两个案例分别由来自社区内部和外部的实践者推动，因此也会区分不同的实践者所使用的赋权方法。

除了社区经济理论和赋权理论之外，另外三个理论也为案例分析提供了视角。Wright 的“间隙性变革”引导本书关注社会经济实践遇到的障碍，以及如何应对这些障碍。有关社会经济的争论则为本书评价案例提供了参考，在结论中，本书也将回应这些争论。社区发展文献中有关内外主体的讨论，则有助于比较两个案例的差异。

第三章 研究方法

本书采用质性研究中的案例研究方法，共选取两个社会经济实践案例：一个是由农民自身发起的，另一个是由社区外的社会工作机构发起的。主要的资料收集方法包括访谈、观察和文献分析。

一、质性案例研究

（一）质性研究

质性研究和定量研究的方法争论自 20 世纪 70 年代引发了学者的广泛关注。对于质性研究和定量研究哪一个更科学这一问题，不同的本体论和认识论决定了人们的看法。定量社会科学研究借鉴自然科学的实证主义范式。其本体论认为存在唯一的、客观的、不受人类影响的真理。从认识论上讲，定量研究认为研究者和研究对象是相互独立的，因此研究者可以在与研究对象互不影响的情况下开展研究。①

质性研究虽然早期受到实证主义的影响，但经过演变，它逐渐包容了多种范式。质性研究最明显的范式转变是对“后现代敏感性（postmodern

① GUBA E G, LINCOLN Y S. Competing paradigms in qualitative research［M］// Denzin N K, Lincoln Y S. Handbook of qualitative research. Lodon: Sage, 1994: 163-194.

sensibilities)”的接受。① 在本体论上，质性研究认为真理是被社会建构出来的，而并非客观存在的。在认识论上，质性研究认为认识真理必然要受到研究者自身经验和思维方式的影响，人的主观意识总是与“真相”相互作用。②

范式的差异决定了质性研究不同于定量研究。首先，质性研究关注过程、背景和因果之间的相互作用；而定量研究则关注可测量的变量，以产生可推广的结论。其次，在吸收后现代理论的基础上，质性研究的评价标准与定量研究不同，这些标准除了考察过程的规范性、结论的逻辑性以外，还要评估研究者在调查中的个人责任、研究伦理、与信息提供者的对话等。第三，质性研究通过观察和访谈研究对象，试图结合社会背景理解个体的叙述，而定量研究往往依靠问卷来收集数据，并以此推断总体的情况。第四，受研究方法影响，质性研究更容易被研究对象的日常生活所约束。第五，质性研究可以产生详细而丰富的描述，从而提炼新的主题。

本书是一个探索性的研究，需要描述社会经济实践的背景和过程，识别不同的主体对社会经济的看法。因此需要在具体情境中收集数据，并且在生成主题的同时，进行丰富的细节描述。因此质性研究更契合本书的研究目标和研究问题。

质性研究在本体论、认识论和解释方法上也有许多不同的子范式。本书主要采用后实证主义的视角。后实证主义可以看作批判实证主义。与实证主义相似，它采用还原、逻辑和经验的方法来识别因果关系。③ 与实证主义不同的是，后实证主义认为尽管存在真理，但人们很难完全识别真理。人们所知道的只是真理的轮廓或部分真相。

---

① DENZIN N K, LINCOLN Y S. Introduction: The discipline and practice of qualitative research[M]//Denzin N K, Lincoln Y S. Handbook of qualitative research (2nd edn.). Thousand Oaks, Calif.: Thousand Oaks, Calif.: Sage Publications, 2000: 1-28.

② SMITH J K. Quantitative versus qualitative research: an attempt to clarify the issue [J]. Educational researcher, 1983, 12(3): 6-13.

③ CRESWELL J W. Qualitative inquiry & research design: choosing among five approaches[M]. Thousand Oaks: Thousand oaks: sage publications, 2007.

对于本书而言，社会经济实践是一种客观现象，其发展过程、策略和结果可以被描述和识别。同时，本书也承认，由于调查对象不愿披露一些事实以及研究者是局外人等诸多因素的制约，田野调查无法完整和准确地收集全部关键事实。比如，农户对社会经济的看法，除了取决于实践的真实效果外，还受农户与社会经济组织者的人际关系等因素的影响。笔者在部分情形下无法确定信息的真实程度，但可以通过多种信息源开展逻辑推测，增加资料和解释的可靠性。

没有“完全独立”的范式，不同范式总是相互作用的。当研究者声称自己使用某一种范式时，他们总是在需要的时候不经意地使用其他范式。“标榜”使用了后实证主义范式的本书亦然。例如，本书在第六章描述了一位女性农民对社会经济的负面看法。她的一些判断与现实相矛盾。笔者并没有强调她的对错，而是分析了她如此解读的原因和背后隐含的意义。这里其实采用了建构主义的范式。

(二)案例研究及案例选取

案例研究适用于描述“正在发生或已经发生的事情”以及解释“事情如何或为什么发生”。Yin 认为案例研究设计应从两个维度考虑。第一个维度是确定案例研究是整体式还是嵌入式。整体式案例研究不将案例拆分成子单元，而是作为一个整体来分析。嵌入式案例研究则按照一定的逻辑将每个案例拆分成子单元，从不同角度展示案例。第二个维度是确定案例的数量——单案例还是多案例研究。①

按照 Yin 的分类，本书是一个多重嵌入式案例研究。根据研究需要，本书一共选择了两个案例。两个案例是回答第三个研究问题，比较内生和外生性社会经济实践的最低标准，同时也具有多案例研究的部分优势，但又不会像三个或更多的案例研究那样耗费时间和资源。

---

① YIN R K. Case study research: design and methods[M]. Thousand Oaks, Calif.: Sage publications, 2003.

案例研究最大的挑战在于说明所选案例的合理性。案例选择的基本原则是具备“典型”或“特殊性”。① 典型案例有良好的代表性，能将研究结果推至更大范围。具备特殊性的案例大体又可以分为两类：一是极端情形，能够帮助研究者发掘新的知识；二是具备一定的影响力，以便为其他同类现象提供参考或示范，乃至影响对某类现象的整体分析。② 案例选择的另一个标准是信息丰富，即能够最大可能地获取信息，产出知识。③

基于“有影响力”和“信息丰富”的原则，本书选择了两个案例：农民组织 X 协会和社会工作机构“青田”发起的社会经济实践。二者分别代表了内生性和外生性的社会经济实践。X 协会自 1998 年开始起步，在笔者调查时已经形成了经济发展和社会服务两大部门。青田的项目开始稍晚，但到目前也有十年的时间，已经成功运营了一家乡村旅馆。换言之，两个案例都具有一定的发展历史，也都取得了初步的成效。此外，两个案例在发展过程中遇到了不少困难和挫折。它们的发展起伏可以为本书提供足够的信息，用以描绘相对完整的社会经济发展过程。

这两个案例都具备一定的影响力，受到政府、学界和媒体的广泛关注。X 协会被认为是经济与社会发展平衡得最好的合作经济案例，每年参观之人络绎不绝。其创办人宋菱曾获得过世界妇女高峰基金会颁发的农村妇女生活创造奖、联合国促进性别平等和增强女性权能署颁发的年度女性榜样奖等多个荣誉。青田的项目则是中国内地较早介入农民生计的社会工作项目，并获得民政部优秀社会工作项目的称号。

---

① SEAWRIGHT J, GERRING J. Case selection techniques in case study research: a menu of qualitative and quantitative options[J]. Political research quarterly, 2008, 61(2): 294-308.

② STAKE R E. The art of case study research[M]. Thousand Oaks, Calif.: Sage Publications, 1995: 3, 88.

③ STAKE R E. The art of case study research[M]. Thousand Oaks, Calif.: Sage Publications, 1995: 43.

（三）案例介绍

案例 1：X 协会的社会经济实践

X 协会位于华北平原的华山村，截至笔者调查时，它已有十五年的发展历史。其服务覆盖了龙镇和虎镇 43 个自然村的 3600 户农户，占当地总人口的 20%左右。龙镇和虎镇交通便利，农业生产条件较好。两镇处于山西、陕西、河南三省交界，自古以来是交通要道，距离最近的县级市大约有 20 分钟车程。当地土地平坦，黄河流经两镇的最西边，提供了充足的农业用水。因黄河历年改道形成的大片滩涂也为当地带来丰富的土地资源。当地历史悠久，不少名胜古迹成为丰富的旅游资源。这些因素使得龙镇和虎镇比较富庶。苹果、柿子、桃、花生、棉花等经济作物为当地农民带来了可观的收入。不少家庭也兼业从事运输、餐饮等工作。龙镇 2011 年人均收入为 7508 元，人均土地面积为 2.9 亩；虎镇 2011 年人均收入为 6064 元，人均土地面积为 2.7 亩。① 加上黄河改道形成的滩涂，此地农户户均耕作面积在 10 亩左右。

图 3.1　X 协会所在地的黄河滩涂

① 信息来源于对华山村村委会主任的访谈。

X协会的创办人是当地的一名小学教师宋菱。她家在华山村开了一个农资店，宋菱有空时会帮忙打理生意。她对农民盲目购买化肥和农药存在困惑——她不明白为何农民宁可多花钱，而不在乎对土地和自身健康的伤害，虽然他们这样做可以让自己挣到更多的钱。1998年起，她邀请县城的农业技术专家在自家农资店开展免费的技术培训。第一次培训到场的农民有三百多个，远远超过了农资店的容纳空间。农技培训吸引了大量的村民，也带火了农资店的生意。然而宋菱并没有停留在对自家生意做大的满足上，而是不断发掘农民未被满足的各种需求，逐渐走上了发展社会经济的道路。

2001年，因农技培训经常聚在一起的妇女们，见到在城里广场舞很流行，萌生了组建跳舞小组的想法。利用农业技术培训在周围村庄打下的群众基础，跳舞活动逐渐扩大到三十多个村。活动规模的扩大远远超出宋菱最初的预期。随后宋菱和其他几个热心妇女又组织了村民辩论赛、村民学习小组等其他文化活动。2003年，当地的农民文娱活动达到高潮——宋菱和积极分子们将三十五个村庄的一千多名妇女组织起来，参加地级市的元宵节集体表演活动，并受到市领导的好评。

与此同时，宋菱所在的华山村发生了另一件令人鼓舞的事：大家合力建好了村里的水泥路。华山村以前是土路，到处是垃圾，下雨天泥泞不堪。由于各种原因当时的村两委无法有效行使公共服务的责任。为了解决道路和卫生问题，平时参与文娱活动的积极分子们成立了村容治理理事会，挨家挨户发传单动员各家修理自家门前的一段路。绝大多数村民出义务工响应号召。公共路段则由理事会和宋菱的农资店出钱修理。修路的工作只用了七十天就全部完成。

达到高潮的文娱活动和成功修路凝聚了人心，极大地鼓舞了村民的士气。为了惠及更多村庄，2004年在当地县级政府支持下，宋菱注册了X协会，成为法律实体。经费来源主要是宋菱农资店的利润。宋菱自己在当地有着极大的号召力。得益于群众对宋菱的信任，其丈夫在2008年被推选为华山村村委会主任。之前在X协会做文娱活动的两名骨干妇女也分别被推选为村民小组长和妇女主任。这一方面显示了X协会得到了当地百姓和上级领导的认可。另一方面也表明，X协会在当地的运作基本不会受到来自基层政府的干涉。

X协会在成立后，开始引导大家发展合作经济。协会先后组织村民们成立手工艺生产小组、蒸馍作坊、涂料厂和千亩生态园。这期间，X协会经历了一些挫折。经过调整，从2008年开始，协会确立了“综合规划，以公共服务和经济合作为两大发展主线”的战略。调整后的X协会除了涉及经济发展，更承接了乡土文化复兴、生态修复、社区照顾等多项社会功能。

在笔者调查时，X协会已经成为一个可以自负盈亏的综合性农民服务组织。它的主要业务由两大部门构成：产生经济收益的部门和社会服务部门。产生经济收益的部门包括农资店、手工艺合作社、农产品销售和小额信贷业务等。这些部门获得的利润有一部分用来补贴社会服务。社会服务部门则包括社区养老服务、儿童教育服务、技术培训部和负责社区卫生环境以及文化建设的“生态家园”等。

案例2：青田社会工作服务中心的春熙村项目

青田社会工作服务中心(以下简称“青田”)是一个以发展中国农村社会工作为使命的社会组织。其项目点分布于云南、广东、湖南、四川等多个省份，多是偏远山区和少数民族地区的农村。青田最开始以组织文娱活动、推动文化建设为切入口来服务农村社区。但文娱活动没有回应村民最关注的生计问题，不能持久地吸引村民。之后青田开始聚焦村民的生计建设。

前期服务农村社区的经验，让青田对规模化、产业化的扶贫项目有一定的反思。他们希望“通过替代性市场打造可持续的生计方式”。在生产端，他们号召农户生态种植，在保护传统文化的基础上发展乡村旅游；在需求端，他们引导消费者以合理的价格补偿农户投入的劳动力，构建城乡互助的产销关系。

本书所介绍的案例是青田在春熙村实施的项目。春熙村是华南地区的一个小山村，属于国家森林保护区和水带生态区，自然环境优越。其所属的行政村红荔村共有五个自然村，总人口约 1800 人。由于位于水源地，受保护水源限制，红荔村无法发展工业以及养殖业，加上地理位置颇为偏僻，属于地级贫困村。据村委会统计，区内人均年收入 3000 元以下。春熙村人口约 400 人，是五个自然村中条件最差的。春熙村山地较多，耕地较少，人均耕地不到六分。大多数年轻人到城市打工。留下的村民居住在 20 世纪八九十年代修建的老式泥砖房里，主要收入来源是在山地上种植砂糖橘。村民们也种植少量水稻、蔬菜供自己食用。农闲时间部分村民以伐木赚取劳动工资。

图 3.2　春熙村地貌

春熙村项目是当地省政府采购的扶贫项目，周期为 3 年。自 2009 年进驻春熙村以来，青田主要推进村民的生计改善，辅之以社区文化再造。青田逐步认识到：为了吸引更多村民参与，需要开发不同的经济活动，以充分利用当地资源，同时避免单个经济活动中参与人数过多引发的竞争。他们的长远目标是成立综合性农业合作社，涵盖不同生计发展互助小组。目前春熙村的项目主要有三个内容。

一是乡村旅游。基于春熙村环境优美、村庄古朴、民居建筑风格鲜明等特点，当地村民和青田都认为此地适宜发展乡村旅游。不同于商业旅游开发，青田反对过度开发旅游资源吸引大众游客，而是将目标人群定位在关注食品安全、生态环境并具有一定思考能力的游客上。小众旅游在为当地带来收入的同时，也防止对社区原有风土人情、景观风貌造成破坏。

经过近三个月的实地调查，青田选取了七位比较弱势的妇女组成乡村旅馆互助小组(以下简称互助组)。她们或是家中有病人，或是来自单亲家庭，或是家中经济条件不好。在其他村民的帮助下，青田与互助组租下几间废旧的土砖房进行改造装修，并于2011年5月正式对外营业。2011年年底，另一位妇女加入，互助组目前共八位成员。除经营旅馆外，互助组成员有时亦参与生态种植与手工农产品制作。该互助组一直运营至今。

二是生态种植和养殖。青田号召村民在种植过程中减少农药化肥的使用，在养殖过程中减少饲料和药物的使用，并以高出普通农产品的市场价格收购生态种植养殖产品。青田在市区开设农产品商店，与部分餐厅达成合作关系，同时借助乡村旅游吸引消费者到村购买。生态种植养殖高峰时有四十多户参与。但因各种原因，笔者调查时生态种植养殖已经停止。

三是农产品简单加工。利用当地的特色水果，青田帮助村民开发水果酵素、果酒、果精等产品。这些产品大多以生态种植水果为原料，且为手工加工，与生态农产品共用销售渠道。笔者调查时，有两户固定参与农产品简单加工，互助组的成员偶尔也参与。

二、资料收集和分析

(一)资料收集方法

本书使用的大部分资料源于笔者的田野调查。进入特定的场域，是田野调查的关键。X 协会受到学界的长期关注。笔者的部分师长帮助联系了协会的创始人宋菱，恰好 X 协会也有整理自身发展历史的需要，笔者因此得以进入。调查青田的春熙村项目稍微有些波折。彼时项目正处于调整期，人事、项目方向都面临重要变动，工作人员无暇顾及一个研究者的到来。考虑到青田的确是中国内地社会经济的重要实践者，笔者直接联系到青田的主要创始人之一张老师，并最终获得了开展调查的许可。

笔者自 2012 年到 2014 年三年之间，共赴 X 协会所在村庄三次，每次时间长度半个月到一个月不等。对于青田，笔者曾分别于 2012 年 5 月、2013 年 4—5 月对该项目展开田野调查并于 2015 年 7 月回访。前两次调查均赴春熙村和其所属的城市市区两地进行，最后一次调查主要是在市区回访项目社工。调查时间合计约 30 天。主要的数据搜集方式为访谈、观察和文献资料搜集。

1. 访谈法。访谈分为半结构式和无结构式两种。半结构式访谈较为正式，一般会提前与访谈者预约，根据访谈提纲灵活提问。访谈对象主要是社会经济实践的组织者，如 X 协会的骨干成员和青田的社会工作者(以下简称"社工")。无结构式访谈经常发生在田间地头或村民忙于生计的场景下，主要访谈对象为村民，包括社会经济实践的参与者和非参与者。与这些村民的偶遇以及自然的谈话，更能体现村民对社会经济实践的真实想法。

访谈对象的数量并未提前确定，而是根据田野调查的具体情况，在达到信息饱和后停止新的访谈。访谈对象的寻找主要依靠滚雪球的方法，一定程度上也取决于田野调查中笔者和村民的熟悉程度。在 X 协会，笔者一共访谈了 13 名部门负责人或骨干成员、10 名村民。对于青田，笔者访谈了 6 名当时正在或之前曾经负责项目的社工，以及 8 名互助组成员、4 名生态种植村民和两名参与农产品简单加工的村民。笔者在田野调查中，也与华山村和春熙村的村干部、未参与社会经济的部分村民有较多的交流。不同类型的访谈者提供的信息能相互印证，提高访谈资料的可靠性。

2. 观察法。包括非参与式和参与式观察。非参与式观察的对象是笔者无法直接参与的活动，如X协会各部门的会议、春熙村乡村旅馆互助组的会议。这些会议讨论的多是涉及运营决策的议题。参与式观察则主要针对生产和销售活动，如笔者在春熙村帮助互助组成员插秧、搬家具、帮助社工配送农产品等。参与式观察让笔者得以近距离考察社会经济实践中的生产管理和劳动分工情况。

3. 文献分析法。笔者在获得许可的情况下，收集了X协会和青田的内部文件，包括项目介绍、项目推广材料、年度总结、管理制度、部分会议记录等。由于这两个案例受到诸多媒体的关注，笔者也从相关报道中摘取了与案例发展历史有关的材料。青田的主要创始人为高校教师，其硕士研究生的论文涉及对该案例的讨论。这些论文中的部分事实性材料也成为笔者分析的对象。

(二)资料记录和分析方法

对于半结构式访谈，笔者在征求访谈对象同意的基础上录音，并在调查结束后整理成文字稿。对于无法录音的半结构式访谈、非结构式访谈以及观察，笔者以田野调查笔记记录信息。录音文字稿和所有的田野调查笔记，形成编码的最终文本对象。

编码采用质性分析软件ATLAS. ti。研究问题和研究框架决定了编码的部分方向，并形成预设编码(prefigured codes)。① 同时，衍生编码(emergent codes)根据调查资料内容灵活生成，由此产生出新的主题。笔者如果之前忽略了对有关主题的文献梳理，而衍生编码又展示了特定主题的重要性，则需要重新调整文献回顾和研究框架。换句话说，第2章的研究框架是文献综述和资料编码过程交互作用的产物。例如，在最初的研究框架中，笔者未纳入发展的意识形态和赋权维度。但在编码过程中，笔者发现X协会和青田的工作人员多次提到理念的重要性，于是生成两个新的关

① CRABTREE B F, MILLER W L W L. Doing qualitative research[M]. Newbury Park, Calif.: Newbury Park, Calif.: Sage Publications, 1992.

键编码，并补充了研究框架。

笔者还在田野调查期间以及编码过程中撰写备忘录，记录临时的感想和判断。备忘录和编码共同帮助笔者解读案例。本书接下来的章节实际上是田野调查资料(数据)的展示，这被认为是质性研究中资料分析的最后一步。①

① CRESWELL J W. Qualitative inquiry & research design: choosing among five approaches[M]. Thousand Oaks: Thousand oaks: sage publications, 2007: 148.

第四章　发展理念的形成

本章讲述了社会经济组织者的发展理念形成过程。发展理念，是有关发展的意识形态，包括对于发展目标、发展方向、经济和社会发展的关系等的看法。发展理念决定着社会经济实践的具体策略。只有理解特定的组织或群体的理念形成过程，才能够理解他们的行为和决策。X 协会和青田不同的理念形成过程，也展示了内生性和外生性社会经济实践的知识来源差异。前者的发展理念更多来源于自身的经验，而后者则主要依靠学术理论构架以及对村民的调查。

一、X 协会：源于基层实践的发展理念

X 协会的农民学校中，一面墙上挂着一幅书法作品："(无良的)银行是附着在人民身上的吸血虫。"这是 X 协会的负责人宋菱从一本书里挑出来的句子，由当地一位农民书法家撰写。这句话让每一个初去参观的人印象深刻，因为它体现了农民对金融资本下乡可能带来的消极后果的警惕。另一件令人费解的事情是，协会虽然需要盈利以支撑运作，但其下属的手工艺合作社却拒绝外来订单。这样的行为不同于市场逻辑下的一般企业。令人惊异，却正体现了协会作为社会经济组织的创新之处和对改造社会的独特理念。

X 协会文娱活动达到高潮的 2003 年，正值中央推广农村专业合作社之

时。以宋菱为核心的积极分子们进一步萌生了发展合作经济的想法。宋菱作为文娱活动的带头人，加上自家开农资店具备一定的经济实力，被推举为合作经济的带头人。从 2003 年开始，村民一起合作开展养鸡项目、芦笋统销、馒头生产合作社和涂料生产合作社。经济合作的高潮出现在 2006 年左右，华山村 300 多户人家中将近九成将自己的土地交给 X 协会统一经营，发展生态水果种植。最终农户让渡经营权的土地达到 800 多亩，该项目也被称为“千亩生态园”。在缺少资本的情况下，依靠协会积攒的人气，动员村民自发地参与土地统一管理，不可谓不是当时的一个壮举。与此同时，外界的商业机构也看准了 X 协会在当地的号召力，主动与宋菱洽谈商业合作项目。X 协会先后与外来企业共同合作收购面粉、开设小额信贷公司等。

然而，快速的发展却隐藏着危机。因管理和技术问题，2008 年千亩生态园与馒头生产合作社、涂料生产合作社一起宣告失败。2011 年，X 协会也终止了与外来小额信贷公司的合作。X 协会面临巨大的挫折。然而正是这些挫折，帮助 X 协会在与市场和农民打交道的过程中积累了丰富的经验教训，并最终形成了自己的发展理念。

(一)与市场互动的经验

与企业打交道的经历让 X 协会逐渐明白，一些利润导向的企业最终不会站在服务社区的立场上，与帕图金融公司(以下简称帕图)的合作即是一个典型例子。

帕图在一个会议上认识了宋菱，并向后者表示愿意注资帮助 X 协会开展小额信贷业务。考虑到不少村民因为生产生活的需要对资金有需求，但却因为缺乏抵押品难以从一般的银行贷款，经过与其他骨干分子的商量，宋菱决定与帕图合作。

从 2006 年合作开始，帕图一共向 X 协会注资了四次。其中第一次注资 40 万元。在 2009 年中国放开民间信贷政策后，帕图直接在龙镇注册了小额信贷公司，注册资本达到 3000 万元。双方合作的模式是帕图提供资金，X 协会提供人员。人员大多数来自文娱活动中涌现的妇女骨干，以及后来 X 协会在本乡招募的年轻人。由于熟悉本乡本土的情况，加上这些骨干们工作认真负责，在合作的三年期内，99%的贷款都按时归还。帕图不仅保证了本金的安全，也赚取了大额的利润。从 2009 年到 2011 年三年时间，帕图累计放款 1.3 亿元，收取利息 2000 万元。

但是合作过程也充满了矛盾。双方最大的分歧在贷款的利率上。帕图设置的月息为 1.75%，相当于年息 21%，刚刚满足国家对民间信贷利率不超过当年银行贷款基准利率四倍的要求①。X 协会认为利率过高，不利于农民。更令协会气愤的是，为了获取更多的利息，帕图不允许农民提前还款。虽然 X 协会多次与其协商，帕图依然坚持这项规定。帕图最初答应 30%的利润归还给社区用作社区公益事业。但是在合作的三年里，帕图仅仅为华山村六十岁以上的老人每人购买了一份意外保险，总成本一共 2000 元。所谓的社区发展基金不见踪影。帕图对 X 协会派来的骨干的管理方式也受到异议。帕图巨额的利润建立在工作人员的艰辛劳动之上。曾在帕图工作过的黄秀娥谈到，她一个人负责 200 多户贷款的审核、发放和回收业务，加班对她来讲再正常不过。“我只记得我成天骑着电动自行车在村子里到处跑。有时候跑到自己都忘了自己是谁。” X 协会派去的骨干工资由帕图承担，但是帕图规定了相当严苛的工作指标。完不成贷款任务量或者收不回贷款都会不同程度的扣工资。正如一个在帕图工作过的人员所说：“我们对帕图来说，只是从乡亲那里赚取利润的工具。”

帕图的巨额利润、对待农民的冷漠和严苛的管理，让刚开始开展经济业务的骨干成员们反思，并逐渐认识到帕图的真正面目。妇女骨干王玉琴说：

> 这么大的一笔利息，这在我印象中很深刻，也觉得很可怕。他们赚的所有利息都是来自我们农民！农民从哪里赚那么多钱呢？我们后

① 当时银行的贷款的基准利率为 5.4%，帕图离政策规定的上限相差无几。

来不跟他们(帕图)合作，自己办小额信贷，他们居然还告发我们非法集资！可是他们最初跟我们合作的时候，不就是为了这个“非法集资”吗？这些经历让我们反思，赚钱到底是好事还是坏事。

2011 年，X 协会终止了与帕图的合作。帕图开出 1 万元的月薪试图挽留工作人员，但从协会派出去的十二个骨干有十一个拒绝高薪，回到协会。

帕图不是唯一给 X 协会“上课”的企业。X 协会组织村民养鸡，与某公司达成收购协议。然而，合作公司没有履约提供养殖技术指导，还在最后降低了收购价。当时村民最重要的收入来源之一芦笋种植也遭遇类似问题。X 协会组织了芦笋统销，但是芦笋价格被产业链下游的加工公司牢牢控制。一些中间商手上的产品品质低，但通过贿赂加工公司经理获得更高的收购价。X 协会却不愿意这么做。类似的经历让 X 协会意识到市场的残酷和农民谈判能力的缺乏，这为 X 协会未来的路径选择奠定了思想基础。

(二)与村民互动的经验

X 协会的目标之一是帮助农民提高收入，但它的一个重要理念却是尽可能少的利用经济利益来激励农民。听上去互相矛盾的目标和理念，实际上源自 X 协会与农民在经营过程中的互动。

在上文提及的养鸡项目里，宋菱作为担保人帮助二十几户农民从信用社贷款。然而因为技术问题造成养殖鸡死亡，使农民在这个项目中亏了本。大部分农户不愿意偿还贷款。作为担保人的宋菱便被当地信用社告上法庭。第二年当地农产品收购价格下跌，农户收入减少。其中不少人在宋菱家的农资店赊购过农资，以收入下降为由拒绝年终偿还欠款。到 2004 年，加上养鸡项目中担保人的责任和农资店的欠款造成的损失，宋菱一共背负了 20 万元的债务。经过走访，宋菱发现大多数村民有能力偿还债务，只是不愿意承担损失。这使宋菱意识到培育农民合作意识的重要性。

2006 年经济合作达到高潮时，千亩生态园的规模最大，90%的华山村村民将800多亩土地交由协会统一发展果树种植。考虑到果树三年后才有收成，最开始大家商量好三年后分红。但这个轰轰烈烈的村民自发组织的合作项目却在一年后就终止了。

千亩生态园项目成立了专门的管理委员会，村民将自家的部分土地上交后，大部分不再关心地里的状况，集中注意力搞自家的生产。八百多亩土地的管理责任基本都落到了管理委员会的头上。但这些土地来自不同农户，因原来种植作物不同，其土壤性质也有不同。管理委员会无法掌握详细信息。加之土地上交后，集体果园中的劳动积极性也成问题，相当一部分村民认为再这样下去会影响收成，于是要求收回土地自己种植。千亩生态园项目随即终止①。

农民拖欠欠款不还和千亩生态园的失败，让 X 协会认识到两点：一是大部分农民将经济利益放在第一位，在风险面前表现得很脆弱；二是发展经济项目时不能急于求成，将农民置于从未经受的风险当中。否则一旦失败，将严重影响农民的信心和士气。

(三)发展理念

上述经验与教训是 X 协会发展理念形成的基础。首先，他们认识到传统的资本导向、利润导向的企业与农村社区的利益很可能有冲突。农民学校悬挂的书法作品“(无良的)银行是附着在人民身上的吸血虫”就是这一认识的具体表现。虽然这种说法并不能描述全部的金融企业，但至少表现了 X 协会从与帕图的合作中得到了警示，以及对于金融资本和普通农户关系的批判性反思。

其次，X 协会意识到不能以经济利益为主要激励来吸引村民参加协会。一方面，X 协会希望尽可能保护村民利益，对帕图降低利率的要求即是例子。另一方面，X 协会时刻警惕精英俘获的发生。建立涂料合作社时，一些经济能力较强的村民希望获得更多的股份，但被宋菱劝阻。经过讨论，

① 关于千亩生态园的经营，本书第七章会有更详细的介绍。

合作社参与者一致决定每人入股最多不能超过 10 股(当时共有约 300 股)，并将部分股份捐给村里的残疾人。

X 协会也深刻认识到经济利益可能带给人们的道德风险。农民有能力而不还钱，以及千亩生态园的挫折，当然和 X 协会的内部运作管理有关，但宋菱却认为，其背后依然有人的“素质”问题：把金钱看得比诚信重要。X 协会的工作人员总是说：“钱不是一个好东西。”其背后的思想则是在经济发展之外必须重塑人的价值观。这个理念最终体现在社会经济实践策略里。

最后，同时重视经济发展和公共服务是 X 协会的另一个重要理念。这不仅是“拒绝只关注经济发展”理念的延伸，也是规避风险的重要策略。在一份内部文件中，X 协会将发展总体策略定位为“同时推动经济合作和公共服务”①：

> 农村十年实践经历结合外部很多案例，让我们深切感悟，单一项目可能成功，但会受农村错综复杂的内部矛盾牵制，稳定性不够。而综合规划，以公共服务和经济合作为两大发展主线，既有各自独立操作空间，又有相互促进性，有效结合，方可避免矛盾风险，充分调动和整合社区内部资源，达到稳步发展的目的。

基于上述发展理念，X 协会逐步探索出了一系列的社会经济实践策略。这些策略不仅维系着 X 协会的生存与运转，也不断推动着当地社区的发展。

二、青田：源自理论与调查的发展理念

青田在农村的服务经历了范式转变。成立之初，青田在西南某山村实

① 资料来源：X 协会 2012 年编写的协会简介。

施了第一个项目，工作内容主要是组织文化娱乐活动，如收集村民的口述历史、组织妇女歌咏团和老人舞蹈团、建设社区活动中心等。其目标在于提升村民的文化自信。然而两年之后，青田发现村民参与这些活动的热情逐渐消退。青田将原因归结为项目无法满足村民的经济需求。① 随着农村生产要素和生活必需品的市场化程度加深，以及消费主义的兴起，村民对现金的需求大幅度增加。越来越多的村民进城务工，忙于生计。青田意识到：

> 小组骨干成员（指在青田的帮助下成立的活动小组）外出工作；影响团队的运行……我们不得不承认生计是村民日常生活的焦点，这与我们在第一阶段的想法相差甚远……单纯强调文化保护或性别赋权是不可能号召村民参与到社区事务中来的。②

因此，青田开始将项目重心转移到生计建设上，同时兼顾村庄的文化和社会发展。这一范式的转变不仅发生在这个西南地区山村的项目中，而且确定了青田后续开展的所有项目的方向。

（一）对市场化和产业化的批评

青田在创立之初就对市场化和产业化有着强烈的反思。这些反思得益于其主要创办人的学术背景——发展人类学和基变社会工作。青田由某高校教师创建，社工主要来自他的学生。因此，创办人的观念很容易在机构内部传播。在青田实习或全职工作的社工们，其硕士毕业论文也大都体现了批判市场化和产业化的观点。

创办人自己也曾有过农村调研的经历，并关注市场对农民生计的双重影响。在一篇文章中，他描述了村民在种植生姜时遭遇的产业扶贫困

① 资料来源：青田2012年的机构年终总结报告。

② 资料来源：青田2012年的机构年终总结报告。

境——大多数村民在种植生姜之后变得更加贫穷。他认为主要有以下原因：(1)市场波动使生姜价格不稳定，加之工农业产品交换的剪刀差让农民难以从生姜种植中提高收入。(2)经济作物生姜的种植，挤压了用于生活自给的水稻和蔬菜种植空间。农业生产商品化的大规模扩张，损害了村民的自给自足能力。(3)种子、化肥、农药等生产资料价格昂贵，农户缺乏议价能力。(4)单一作物的种植导致毁林造田、土壤污染等环境退化，进而加剧了对收成的影响。

这些对市场化和产业化的反思某种程度上沿袭了波兰尼有关市场脱嵌的理论，该理论也经常出现在青田创始人和工作人员的学术作品中。波兰尼用“脱嵌”来形容市场与社会的畸形关系。他认为在19世纪之前，人们交易的目的是追求物品的使用价值或是达到某种社会关联。市场具备嵌入性，即嵌入在社会中，从属并受制于政治、宗教、文化和社会关系。但是随着资本主义的发展，市场通过将自然资源、劳动力、基本生活资料等在内的多种要素商品化打造了一个“上帝目光所及，皆可交易”的世界。整个社会以市场为中心，交换价值比使用价值重要。竞争、优胜劣汰法则取代了互惠原则，追逐利益成为比他人福祉、社会公平、环境保护更重要的目标。①

创办人的学术观点也引导着青田的其他员工。春熙村村民在政府的强力推广下从2003年左右开始大规模种植砂糖橘。一开始村民的收入有所增加，但随着周边地区砂糖橘种植规模的扩大，砂糖橘的价格逐渐下降；遇到市场波动较大的年份，农民还可能赔本。砂糖橘种植也挤压了传统的水稻种植，降低了社区的粮食自给率。使用的大量化肥和农药给春熙村带来了污染。青田对于“脱嵌市场”消极影响有着清醒的认识。社工张浩在工作日志中写道：

---

① POLANYI K. The Great Transformation: The Political and Economic Origins of Our Time [M]. Boston: Beacon Press, 2001: 49-57, 71-72.

大规模推广砂糖橘种植的本质是农产品的商业化、市场化、产业化。……农业商品化、产业化虽使部分农户收入增加，但也使农民在面对更大的不确定性和市场的不稳定性时，失去了对自己生计的控制能力。（种植砂糖橘）在这样的山区一定要以开荒种植、牺牲水稻种植为代价，同时严重依赖农药、化肥等越来越贵的现代农用物资。这些不仅强烈地破坏了当时的生态环境、使得传统的种植模式不再可能，导致了单一的农业生产模式，也给子孙后代可持续的发展造成了难以估量的伤害。

（二）资产为本的社区发展

除了对产业化和市场化的批判，青田的理念还受到社会工作领域中“资产为本的社区发展（Asset-based Community Development）”模式的影响。资产为本的社区发展模式是由 Kretzmann 和 Mcknight 针对社区实践中的“缺陷视角”而提出的。① 它强调社区发展的实践者应当聚焦社区拥有的资源，而非社区的缺陷，并将社区可以使用的自然资源、文化资源和社会资本等视作社区发展的资产，加以动员。春熙村是贫困村且地理位置偏僻，但村庄植被覆盖率高、自然风光优美，传统民居古朴有特色，且村民之间关系紧密。这些都村庄的“资产”。这些资产意味着春熙村有生产健康农产品、吸引消费者的有利条件。

（三）发展理念

青田认为规模化、产业化的发展方式既不具备可持续性，也忽视了对农民利益的保护。在反思的基础上，青田期待“通过替代性市场打造可持续的生计方式”，并在机构 2013 年年报中对项目设计思路做出如下表述：

---

① KRETZMANN J，MCKNIGHT J P. Assets - based community development［J］. National civic review，1996，85（4）：23-29.

（项目）使得消费者能够以“共同购买”等形式与农户共担种植的风险，而种植合作小组的成立则有助于凝聚农户的力量，降低生产成本、提高产品质量。一方面农户以生态保护及健康的原则为城市居民提供安全的农副产品，另一方面消费者以尊重农户的劳动价值为前提进行直接交易，将消费者及生产者一同组织起来，搭建城乡合作和公平贸易的平台，能够促进生产者与消费者之间的互利互惠与互助，从而创造和谐的城乡关系。

青田希望在某种程度上超越主流市场的发展模式。他们将社会经济的实践策略赋予这种“超越性”，期待在回应农民生计发展的同时，重构一种可以恢复人与自然以及人与人之间和谐关系的生产和流通体系。

“通过替代性市场打造可持续的生计方式”，这一策略背后有两个重要理念。一是可持续的生计方式，二是替代性市场。可持续的生计方式被青田作为社会经济的最终目标，指在不破坏自然环境和人文环境的情况下改善农民的收入。保护自然环境有利于农业生产的持续。保护人文环境主要是保护传统文化和社区人际关系，提升村民的文化自信和幸福感。“可持续生计”的理念指导了社会经济实践中产品和服务的开发。青田认为产品和服务并非只是单一物质层面改善生计的手段，而是嵌入在文化、生态等社会维度中。因此青田号召村民生态种养殖，并借由乡村旅馆的建设保留传统民居，推动消费者下乡了解农耕文化。这些举措既让社会经济实践的产品与其他同类的市面产品形成了差异，也促进了环境保护、传统农耕文化保护等。

青田所指的替代性市场①主要是直接对接城市消费者的公平贸易。公平贸易倡导为弱势的生产者创造更好的贸易条件，交易价格应能够覆盖所有的生产成本并包含帮助社区持续发展的溢价。② 产品价格“是透过对话及

① 英文为 alternative market，本书在第五章会详细解释这一概念。

② Fairtrade Foundation. What is Fairtrade [EB/OL]. [2019-07-06]. http://www.fairtrade.org.uk/What-is-Fairtrade.

参与所形成的一种相互同意的价格，它不只包含了生产成本，同时也符合了社会正义与环保的原则，它提供了对生产者公平的报酬”①。由于生态种养殖不使用化肥、农药、饲料等农资，需要更多的人工用于防虫、除草、施有机肥等，青田认为产品的最终价格应能够体现农户的劳动价值，以保持农户生态种养殖的积极性。通常这个价格比市场同类产品要高。

三、资源约束和理念的差异

在发展理念上，X 协会和青田都对市场有所反思。但两者在理念形成的源头上是有区别的：X 协会依靠直接参与市场活动的经验确立发展方向，青田有关发展的理念则更多地来源于理论知识和对村民生活的观察。

理念来源的差异可以部分解释为什么两者在市场策略上不同。X 协会强调了经济发展和公共服务之间的平衡，但没有明确表示对替代性市场的偏好。青田则决定完全专注于替代性市场。

除了知识来源的不同，影响发展理念的另一个要素是资源约束。X 协会接受的外来资助较少。虽然帕图等机构曾向 X 协会注资，但注资均以贷款的形式进行。也有企业和基金会向 X 协会捐赠资金，但金额有限。相比之下，青田主要由地方政府出资购买其提供的社会服务。春熙村的“可持续生计”项目在前三年获得总计 300 万元的资助。

因此，X 协会自力更生的压力更大。它没有持续且充足的外部支持，任何微小的财务风险都可能让它万劫不复。所以它无法对替代性市场表现出足够的兴趣，因为替代性市场是相对较新、受众较少的市场形式，具有更多的不确定性。相对而言青田的生存压力没那么大。因此，它可以将开拓替代性市场作为社会实验进行尝试。图 4.1 显示了两个案例的发展理念的形成。对于两者市场策略的不同，下一章会有更详细的解读。X 协会虽

① World Fair Trade Organization. 10 Principles of Fair Trade [EB/OL]. [2019-07-06]. https: //wfto. com/fair-trade/10-principles-fair-trade.

然意识到市场的残酷，但却从未放弃对接主流市场，这与青田形成了一个非常有趣的对比。

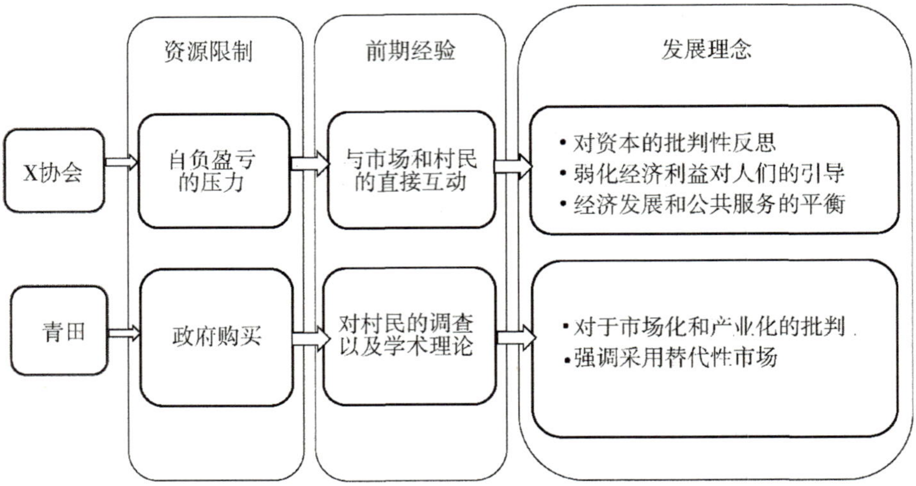

图 4.1　两个案例发展理念的形成

第五章 市场策略

本章将介绍两个案例的市场策略。虽然在上一章，本书已经使用过“主流市场”和“替代性市场”两个概念，但还是有必要在此对这两个概念做一个解释，以便能更清晰地展示两个案例市场策略的不同。

市场，既是商品交易的场所，也涵盖了商品交易背后供需双方的关系。主流市场(mainstream market)这个概念通常只有在提到替代性市场的时候才会使用，因为平时大家所说的“市场”就是指主流市场。主流市场的含义继承了古典和新古典经济学对于市场的解释。不论亚当·斯密的原意如何，“看不见的手”已成为对主流市场最流行的比喻。它常被人们解释为能够推动资源优化配置的价格机制和竞争机制。① 主流市场的逻辑是：人们通过自愿基础上的等价交换以及自由竞争，在满足他人需求的同时获得自己的利益。

人们对超市、商场、批发市场司空见惯。虽然商品的生产者和消费者并不认识，市场偶尔也存在信息不对称的问题，但消费者通过产品的质量和价格在千万种同类产品中选出自己需要的，也帮助生产者以及中间商实现了盈利。然而，这种每天都发挥作用的“市场逻辑”却忽视了交易背后可能存在的不平等的社会关系，以及没有被价格信号所包含的关键信息。所

---

① COASE R H. Essays on Economics and Economists [M]. Chicago: University of Chicago Press, 1994: 82-83.

谓的自由竞争也可能只是纸面上的。以农产品交易为例，在美国等西方国家，规模化、资本化的农业生产方式生产出的农产品占据了大量的市场份额。这些产品经由不同层级的批发商、零售商最终出售到消费者手中。一方面，大型农业企业通过对销售渠道和价格的垄断，从初级生产者和消费者身上攫取了巨额利润。另一方面，农产品市场存在信息不对称，化学农业和工业化养殖产出的食品可能对人类健康具有潜在风险，间接加剧了食品安全的问题。①

替代性市场旨在修正主流市场的消极影响，被世界各国的许多社会经济实践者采用作为自己的销售渠道。替代性市场强调商品交易背后的社会关系和道德伦理，号召交易者不止关注自己的需求或经济利益，而将商品的购买或销售视作会影响社会、环境和他人的重要行为，与 Gibson-Graham 提倡良心消费的逻辑如出一辙。

替代性市场在经济维度具有如下特征：其产品与主流市场的同类产品有明显的价格差异；向小生产者给付较高的价格，具备多元的销售渠道以及不同市场主体间更扁平化的权力关系。② 典型的替代性市场包括：物物交换体系、礼物赠送、公平贸易、社区货币、社区支持农业等。替代性市场通常具有多功能性，注重生产和销售过程中的环保、扶贫、社区凝聚力建设等。它将生产和销售嵌入在社会关系和社会议题当中。因此替代性市场也被称作为“嵌入性市场(embedded market)”。③

与本书关系密切的是替代性市场中的农产品销售市场。④ 这一市场具

① GOODMAN M K, MAYE D, HOLLOWAY L. Ethical foodscapes?: premises, promises, and possibilities[J]. Environment and planning A, 2010, 42(8): 1782-1796.

② Van der PLOEG J D, YE J, SCHNEIDER S. Rural development through the construction of new, nested, markets: comparative perspectives from China, Brazil and the European Union[J]. Journal of peasant studies, 2012, 39(1): 133-173.

③ Van der PLOEG J D, YE J, SCHNEIDER S. Rural development through the construction of new, nested, markets: comparative perspectives from China, Brazil and the European Union[J]. Journal of peasant studies, 2012, 39(1): 133-173.

④ 也叫做替代性食物体系(alternative food network)。

有以下特点：(1)强调消费者和生产者之间的联系，这一联系在地理上体现为农产品生产和消费的本地化，在人际关系上体现为消费者与生产者沟通频度和深度的增加，以及彼此信任关系的建立。(2)强调农业生产的环境保护功能，通过生态或有机的方式获取食物。(3)在利益分配上，强调公平贸易以及消费者和生产者共同承担农业生产的风险。(4)在文化上，强调对传统种养殖方式和老品种的保护。总的来讲，这些特点都体现了替代性农产品销售市场在社会、经济以及环境等多种维度上的可持续性。①

对小生产者来说，替代性农产品销售市场有许多好处。小生产者有可能获得更高的价格和产品附加值。他们也可以充分利用和挖掘当地资源，减少对外部资源的依赖。替代性农产品销售市场上，交易过程的中间环节少，并且能够被农民掌控。小生产者掌握生产主权时，能够为了更好地满足消费者的需求而对产品进行重新设计。

与主流市场相比，替代性农产品销售市场虽然有很多优势，但也有其局限性。有学者指出它终究是一种与社会化大生产相对立的小众化、区域化的农产品生产和销售模式，其主要目标局限于城市中高收入群体，且参与其中的消费者也并不能够深入地理解其背后的社会意义。②

本章展现了两个案例对于替代性市场的不同态度。X 协会引入替代性市场的部分要素，但仍然以主流市场为主要销售渠道。青田则完全依靠替代性市场。本章重点分析了替代性市场面临的结构性障碍。正是这些结构性障碍，导致了青田的市场规模受限。

一、X 协会：对接主流市场

X 协会的主要经济部门有农资店、手工艺合作社、农产品销售部和小

① Van der PLOEG J D, YE J, SCHNEIDER S. Rural development through the construction of new, nested, markets: comparative perspectives from China, Brazil and the European Union[J]. Journal of peasant studies, 2012, 39(1): 133-173.

② 陈卫平，黄娇，刘濛洋. 社区支持型农业的发展现况与前景展望[J]. 农业展望，2011，7(01): 54-58.

额信贷业务部等。在扣除对公共服务部门的补贴后，2012 年协会总利润约 81 万元。各经济部门 2011 年和 2012 年的利润如表 5.1 所示。在 2012 年开展小额信贷业务前，农产品销售一直是 X 协会最大的利润来源。2011 年农产品销售贡献了将近七成的利润。2012 年以来，虽然小额信贷的利润超过了农产品销售，但后者仍然是第二大盈利部门。下面主要介绍其农产品销售的市场策略。

表 5.1 X 协会 2011 年和 2012 年的各部门利润(万元)

部门	2011 年	2012 年
农资店	25.42	35.36
手工艺合作社	5.72	8.12
农业技术培训	0.53	0.86
农产品销售	106.75	77.37
小额信贷	0	41.72

注：该表根据 X 协会所提供的相关数据计算，为各部门的收入扣除经营成本和管理费用后的利润。上文中提到 2012 年 X 协会的全年利润总额 81 万元，是扣除了其他非营利性部门的运营成本后计算的。因此本表中部分部门的利润大于 X 协会的总利润。

(一)农产品销售

依据前期经验，在市场策略上，X 协会既希望能够借力市场帮助农民提高经济效益，也希望最低限度的减少风险。此外，出于对利润导向发展模式的反思，X 协会也力图开拓替代性市场。从千亩生态园开始，X 协会就在进行农产品统销业务。千亩生态园失败后，协会继续收购农户分散产出的农产品向外销售。目前，农产品的销售渠道主要有四种：农产品批发市场、企业的订单农业、对城市消费者的直接销售和社区内部农产品交换。

农产品批发市场

X 协会最大的销售渠道是附近的农产品批发市场。主要农产品包括当地的柿子、香椿、苹果、桃子、杏等经济作物。X 协会从农户手中收购农产品，然后将其包装运送到各地的批发市场。具体的销售方法则依据各地市场的情形有所不同。有时农产品通过当地的经纪人（中间商）销售出去，有时则由 X 协会直接在批发市场里租用摊位出售。

另一个交易量较大的渠道是通过本地的农产品经纪人和外来客商销售。本地经纪人有足够的动力与 X 协会合作：经过多年的发展，X 协会与当地农户建立了较好的信任关系，且为每家农户建档，熟悉每家农户的作物以及产量。通过 X 协会联系分散的农户将大大减少经纪人的交易成本。此外，不少本地经纪人是 X 协会员工的亲友。基于亲缘和地缘的社会网络也为经纪人与 X 协会的合作提供了便利。

在笔者调查时，X 协会正在建立自己的经纪人队伍。一方面协会由于服务地域的扩展，对销售渠道的需求有所增加。另一方面，X 协会在与本地经纪人合作的过程中发现，一些经纪人在农产品交易过程中存在欺诈行为。有人曾经在卖给客商的棉花里掺水以提高重量，也有人向农民压价。因此 X 协会希望建立一支认同诚信交易理念、愿意惠及农户的经纪人队伍。

订单农业

X 协会开始经营农产品销售业务后不久，一个叫做奥米的香港企业也进入当地社区。奥米是一家服装制造和贸易公司，在一个会议上结识了 X 协会的工作人员。当时奥米正在进军欧洲的公平贸易服装市场，需要大量的有机棉花用作制衣原料，以符合欧洲公平贸易的环境保护标准。与帕图不同的是，奥米的老板有基督教信仰背景，期待能够做一些履行企业社会责任的事。奥米认为在当地做了不少社会服务的 X 协会和自己的理念相似，因此主动与X协会洽谈合作事宜。

奥米曾经想在龙镇和虎镇流转两万亩土地以雇工的方式种植棉花。这种规模化、产业化的生产方式被很多企业采用，对奥米来说很自然，但是却遭到了X协会的质疑。X协会分享了自己千亩生态园项目的失败教训，说明土地集中的风险，最终奥米放弃了这一想法，准备与X协会合作收购农户的棉花。当然X协会推动奥米改变想法，除了规避生产风险，还具备另一层意义：奥米无法通过资本运作直接主导生产过程，而必须通过X协会来达到收购棉花的目的。这样X协会作为一个农民组织就有更大的话语权。

2007年，奥米和X协会确立了合作意向。2010年，奥米正式与X协会签订了一份五年期的棉花收购合同。X协会负责有机棉花的推广种植和收购，奥米则承诺以高于普通棉花市场价格的20%～30%从X协会收购有机棉。2011年奥米有机棉花的收购量大约为25万斤，约占X协会农产品销售总量的10%以及棉花收购总量的90%

除了提供订单，奥米还以其他方式支持X协会的建设。奥米出资帮助X协会修建了员工餐厅和青年农场。前者不仅用于员工就餐，还接待外来访客。后者面积达到200多亩，是协会员工的休闲空间和农业技术的实验场所。

奥米的员工也与当地农民建立了良好的关系。奥米派了一个叫陆凡的年轻人常驻华山村与X协会对接。陆凡虽然在大城市获得了硕士学位，但儿时在农村的生活经历使他更容易与村民相处。当协会的员工或青年农场的工人家中有结婚、生子等喜事时，陆凡会“凑分子”并到场祝贺。他与X协会的许多骨干人员建立了密切的关系。

与城市消费者直接对接

X协会采用了社区支持农业（Community Supported Agriculture，以下简称CSA）的模式来对接城市消费者。CSA起源于欧美。它主要指减少中间环节，将消费者和农业生产者直接联系起来的农产品生产和销售模式。许多 CSA 实践销售的是生态农产品。为了增加消费者对生产者的信任，CSA 鼓励消费者亲自到农村社区参观、与农户交流甚至体验农作，从而减少对正规有机认证的需求，以减少成本，让利生产者和消费者。

不同于活跃在大城市的 CSA 项目，X 协会将市场定位在周边的小型县级市和地级市。虽然在大城市更容易找到认同 CSA 理念、有支付能力的消费者。但 X 协会认为本地的小城市中，有不少市民是从农村社区走出去的，对家乡依然有感情和联系。这些市民有时周末会回到农村老家，从老家带一些农副产品。他们对本地农产品有认同，也乐意向其他人推荐本地农产品。X 协会在 2010 年左右开展了一次消费者调查，2011 年，他们组织了针对 150 户城市家庭的配送活动，根据家庭的需求提供生态农产品。协会从农户处收购原料，统一加工成有机面粉、葵花油等产品再进行分装。之后，对每户消费者按照特定的产品组合配送。依托这种销售模式，协会还组织市民下乡体验农耕等活动，加强城市与农村的联系。截至调查时，这一销售方式还处于起步阶段。

社区内的农产品市场

X 协会还尽量打通社区的“内循环”，帮助农户之间进行农产品的交换。此外，协会食堂对农产品的收购、手工艺合作社对棉花的收购也推动了社区内部市场的形成。关注社区内部市场不仅扩大了销售渠道，还提高了社区的自给自足能力，降低了对外部市场的依赖，帮助农民节省了出售农产品的交通成本和时间成本。

以农户之间的小麦交易为例，当地的主要粮食作物是小麦，但出于对经济效益的考虑，许多农户改种其他经济作物，平时需要购买面粉。另一些农户自种供自己消费，但略有盈余。X 协会将这两类农户链接起来——通常他们从农户手中收购小麦，然后送到面粉加工厂加工，再出售给有需要的农户。这样，需要销售小麦的农户不出家门就可以实现目的。需要购买面粉的农户可以直接在社区里买到高质量的面粉。

手工艺合作社对棉花的需求也提供了社区内部的市场。2011 年，手工艺合作社共向农户收购棉花3万斤。这些棉花被分发给附近的妇女用于纺纱和织布。棉布最终由手工艺合作社制成背包、床单和制服等产品。

X协会的食堂也是社区内部市场一环。向食堂送菜的往往是年迈的农民。比如，食堂的所有菠菜由华山村一对70多岁的老夫妇供应。他们以前需要将自己的蔬菜运到镇上售卖，现在不出远门，就可以将大部分蔬菜卖到食堂。老人对此很高兴，有时甚至不过秤，让食堂员工看着给钱。

(二)手工艺合作社与小额信贷

手工艺合作社成立于2004年，最初的目标是传承剪纸、刺绣等传统手工艺。笔者调查时，全职工作的妇女大约10人，另有不少附近的妇女兼职工作。兼职的妇女们可以从合作社领取棉花或布料，然后在家里完成纺纱、织布或刺绣等工序。合作社的订单通常来自社会组织或社会企业。其最大的订单来源是香港的一个公平贸易组织Sikami。其他产品销售渠道包括市内的门店和对到村访客的零售。

2011年与帕图的合作结束后，X协会开始建立自己的小额信贷服务。帕图撤出资金，X协会以出让股份的形式从村民那里筹集资金200万元。这与帕图最初的3000万元注资相差甚远。流动资金的缺乏将制约小额信贷的市场规模。之后，北京某慈善基金会以极低的利率向X协会贷款2000万元。资金短缺问题得到解决。2012年9月至2013年8月，小额信贷部门累计发放贷款1000多户，累计贷款金额2600多万元。

二、青田：拥抱替代性市场

青田在春熙村的项目有两大块：生态旅游和农产品销售。与X协会不同，青田完全依靠替代性市场作为销售渠道。

(一)生态旅游

在对主流市场的强烈批判下，青田计划开发小众的“生态旅游”。青田出资，帮助互助组租下几间废旧的土砖房进行改造装修，乡村旅馆于2011年5月正式对外营业。旅馆共有单人间、双人间、家庭房等12间客房，最多可容纳30人左右。除住宿外，还提供餐饮服务。食材原料是当地的生态农产品，突出了“绿色健康”的特点。乡村旅馆的运行比较稳定。在项目第三年的时候，旅馆互助组成员已经可以自负盈亏，独立经营，并且持续到现在。

春熙村的生态旅游市场可以划分为三种类型。一是青田项目运营带来的市场。在村内社会工作站建成之前，驻村工作人员、志愿者在春熙村没有固定的住处，依靠旅馆满足他们的住宿和日常饮食需求，并为互助组带来部分收入。

二是项目社会创新特征带来的市场。这类市场的消费者来到春熙村不是为了旅游，而是想学习项目在乡村文化复兴、组织合作经济等方面的社会创新经验。青田的创始人利用自己的在社会工作行业和学术界的人脉，推荐春熙村的生态旅游，吸引了不少学者和大学生。也有学者或科研机构在此举办小型的学术研讨会。媒体工作者是这类市场的第二个消费群。春熙村的项目吸引了他们的报道热情，而媒体报道反过来增加了旅馆的知名度。通常，这类市场的消费群体一次性来访数量比较大。

第三类才是“真正的游客市场”，消费者来到旅馆住宿纯粹为了亲近自然和体验独特的民俗文化。消费者通过青田的市场宣传了解旅馆。此外，青田也投入了大量精力，经常在城市组织消费者到村旅游。

第一类和第二类市场中的消费者多出于工作、学习等目的来到春熙村，第三类市场才是青田的真正目标市场。但聚集这类市场的消费者需要时间。如表5.2所示，项目运行的第一年，旅馆超过一半的收入和利润都依赖于前两种市场类型。不过，随着旅馆知名度的提高，第三类市场的规模逐步扩大。在笔者最后一次去春熙村调查时，每逢节假日，旅馆的房间都被预订完。

表 5.2　2010 年春熙村三种生态旅游市场类型的收入和利润

市场类型	总收入(元)	收入占比	利润(元)	利润占比
类型 1	6509.3	23.20%	5863.4	32.21%
类型 2	8970.5	31.97%	4379	24.05%
类型 3	12578.5	44.83%	7962.9	43.74%
合计	28058.3		18205.3	

注：类型 1 指青田项目运行产生的员工住宿和餐饮需求带来的市场，类型 2 指社会创新特征带来的市场，消费者主要目的是来此考察项目运行。类型 3 指真正的游客市场。

(二)农产品销售

青田完全依靠替代性市场作为销售渠道。项目的产品和服务设计、价格策略和市场渠道策略，都体现了对替代性市场的青睐。在生产端，青田帮助农户发展有机种养殖。此外，青田强调公平贸易的价格策略。针对农户的收购价在同类农产品市场价的基础上增加了 20%。

青田将目标人群定位在追求健康生活、认同城乡互助和公平贸易理念的城市消费者。青田引入了参与式认证。让消费者相信产品更为安全健康是生态农产品市场推广的一大难题。一般的企业会采用有机食品、绿色农产品的标识来说明产品的特性。但取得这些标识的成本较高，同时市场上一些假标识的出现也降低了标识的可靠性。在参与式认证体系中，生产者和消费者对于产品质量的定义并非靠第三方认证和认证标识，而是通过直接接触农户并考察农业生产的过程来鉴定、评判产品质量。① 因此，青田组织消费者体验春熙村的自然和人文环境，同时与生产者面对面地交流，近距离考察种养殖环境和过程。作为服务策略，参与式认证在一定程度上构建了消费者对生产者的信任，也同时充当了消费者和农村社区的媒介，

① 叶敬忠，丁宝寅，王雯. 独辟蹊径：自发型巢状市场与农村发展[J]. 中国农村经济，2012(10)：4-12.

在帮助消费者认识到传统农耕文化的意义的基础上实现“城乡互助”。

青田的替代性市场销售渠道主要有三种。一是在城市开办农产品商店。消费者可以直接在店里购买，也可以预交定金，由青田定期按照预先设置好的品种和数量配送到家。店里摆放了不少有关春熙村项目的资料，帮助消费者了解有机种养殖的意义。二是向来乡村旅馆的游客销售。项目中的乡村旅馆吸引游客到春熙村度假，社工在春熙村定期组织农产品市集，推动游客直接向农户购买产品。三是利用合作机构的渠道销售。青田与所在地区部分消费者团体、NGO、企业和个人成立了社区支持农业联盟。该联盟定期组织生态农产品市集，为成员提供展销平台。联盟中的部分成员曾帮助销售春熙村的农产品，同时也供货给青田的农产品店。多元的销售渠道可以扩大销售，也有利于建设与其他主体的合作网络。

（三）替代性市场的有限影响和制约因素

青田不希望将农产品销售仅仅作为单一物质层面改善生计的手段，而是将其嵌入在文化、生态等社会维度中。替代性市场策略在最初带动了部分农户的积极性，先后有四十多户农户参与到各类生态种养殖小组中，另有近一百户农户从农产品市集受益。2011 年的高峰期，有 30 户家庭加入走地鸡养殖小组，6 户加入蜂蜜销售组，40 多户村民参与了生态蔬菜种植。① 然而替代性市场面临的种种约束和限制，却使得市场规模始终有限。

价格和资金劣势

Wright 强调主动社会再生产的强制性，所列举的相关例子大部分为国家机器的组成部分，并未提及市场的作用。下面的分析说明，替代性市场策略面临的结构性困境之一，是主流市场从价格和资金上的围剿。这种围剿实质上是自由交易、优胜劣汰的市场规则所实施的主动社会再生产。

首先是主流市场从价格上的围剿。采用公平价格的策略，青田对春熙

① 相关数据来源于青田 2012 年年报。

村农产品的收购价和销售价均高于一般农产品的市场价。2013 年农产品商店蔬菜的平均售价在每斤 8 元钱。当地普通蔬菜的价格虽有波动，但近十年的平均价格没有超过 4.5 元。① 主流市场中的农产品产销多数情况下并不关心小农户的劳动价值和环境成本，加之其规模更大，其产品价格有较大优势。这导致购买春熙村农产品的消费者只能是更关注健康而且收入较高的小众群体。消费者 A 是项目的积极参与者，但她也曾对社工说：

> 你们的有些东西还是很贵的，与市场相比的话还是太高了点，况且你们还是直接向农户拿货，其实已经减少了很多流通环节，成本理应比市场上的产品要低，所以你们的价格也应该比市场价更低才对的嘛。②

青田在资金上也面临市场上其他对手的围剿。项目的资金主要来源于政府购买，购买合同经费为每年 100 万，项目周期为三年。项目资金不仅要用于社工的人工投入和行政成本等常规开支，还要投资于生产，比如本案例中农产品商店的租金、农产品运输费用、市场宣传费用等。在当年的政府购买过程中，委托方每年并不能及时将合同约定的资金打入青田账户，这进一步加重了项目的支出压力。

相较于企业，项目的资金总额以及资金周转速度都没有优势。资金的限制制约了生产设备和技术的投入，影响了春熙村农产品的市场竞争力。以农产品运输为例，青田和农户没有自有运输设备。春熙村由公共交通到市区大概需要 4 小时，自驾也需要 2 小时以上。春熙村的小农户生产较分散，在项目初期每户仅是实验性的尝试，生态种养殖总体规模较小。这导致单位运输成本较高，一次 200 元左右的货车租赁费也让社工们觉得难以

---

① 数据来源于 2013 年当地蔬菜批发市场发布于网络的报告，因本书中地点匿名，因此不注明报告链接。

② 资料来源：卢山. 公平贸易中的信任危机与信任建设——基于对一家农村社会工作组织的考察[D]. 广州：中山大学硕士学位论文，2012：11.

承受。种养殖小组的村民曾尝试将农产品直接放到公共交通工具上，由社工在中转地接货。但公共交通用时太长，蔬菜水分流失率高，难以销售。

青田曾与部分餐厅合作，甚至在一开始的合作合同中规定对方应“优先购买春熙村的农产品”。春熙村的小农户生产极易受到自然条件的影响，并不能供应稳定品种和产量的农产品。无法满足餐厅需求。加上农产品在运输途中的保鲜经常出现问题，餐厅后来转向其他规模化的生态农场进购原材料。这些资本化程度更高的生态农场，因为配备了较好的灌溉设施、温室、有机肥料、运输和保鲜设备等，在品种多样性、产量稳定性和保鲜技术上都好过春熙村的产品。久而久之，合同中“优先选择春熙村的农产品作为原料”这一规定形同虚设。

主流市场从价格和资金上的围剿看上去并不具备强制性，因为主流市场的原则是自愿基础上的等价交换以及自由竞争。消费者和合作伙伴用脚投票选择是否购买春熙村的农产品，青田和村民也可以选择产品的生产和销售方式。但是，等价交换并不会考虑个人在生产关系中所处的客观地位，以及市场竞争的起点是否平等。作为等价交换主要标志的价格信号，也不能完全体现商品内含的社会关系。“等价交换”以及“自由竞争”的逻辑像隐藏的律法般无处不在，不会因为替代性市场策略的社会属性就放松对其性价比等经济属性的要求，抑或让青田和农户们免于市场竞争。青田的社工们也不能避免以下事实的发生：忽视环境成本和农户利益的农产品，因为价格更低却更能吸引消费者。资金有限但想要推动社会良性变革的社工机构和小生产者则必须与资本化程度更高的生态农场在同等标准下竞争。即便项目的最终目的是在某种程度上超越市场凌驾于社会之上的逻辑，遵从市场逻辑从价格和资金上战胜竞争对手依然是项目取得成功的第一步。

消费者和合作伙伴的不信任

Wright 所说的被动社会再生产主要经由人们的主观意识和行为习惯进行，它受既有的社会结构形塑，也反过来帮助维持现有的社会结构。主流市场以等价交换、自由竞争为主要逻辑，让人们仅仅以商品物的属性和价格属性为标准进行选择。这种逻辑以“润物细无声”的方式消解了人们看到商品及其价格背后的社会关系的能力，也进一步消解了人们对于有可能充当社会良性变革媒介的组织的理解。人们对替代性市场策略背后社会意义的不理解破坏了消费者、合作伙伴对青田的信任，形成了影响替代性市场策略的被动社会再生产机制。

多数消费者的首要动机是食品安全，并不能完全理解春熙村农产品高价格背后的社会意义，即使青田开展了一系列消费者教育活动。有些消费者甚至认为青田为了盈利而刻意加价：

> 我们在……这个地方(指城市)就像生在围城出不去，没有机会直接去农村买那些好的农副产品，你换一个地方别人可能睬都不会睬你……今年过年我回江西老家，吃到了那边的走地鸡，虽然饲养的时间要比市场上的饲料鸡长些，但是价格却比饲料鸡贵不了太多，才16块钱一斤，而你们那边卖的走地鸡却要30块一斤!①

青田曾与某餐厅的老板郑淑娴达成合作。在合作之初，郑女士被社工描述成“认同社会工作价值观，而且对农民和农业有情怀”的商人。合作合同中规定双方共同投资餐厅，其中郑女士作为主要出资人占股80%，青田占股20%。由于青田出资少，合作合同规定“青田不得干预餐厅的运营”。青田曾在餐厅门前举办农产品市集，邀请春熙村村民展示自家的农产品。郑女士开始较为支持，但之后发现村民们展示的农产品以干货居多，并不能体现餐厅“绿色”“新鲜”的特点，于是不再同意举办市集。青田多次与郑女士协商，但最终未能改变这一决定。偶尔遇到农产品保鲜出现问题，郑女士及其团队却认为青田和村民们故意以次充好。

① 资料来源：卢山. 公平贸易中的信任危机与信任建设——基于对一家农村社会工作组织的考察[D]. 广州：中山大学硕士学位论文，2012：11

郑女士认同更多的是“资金量决定决策权”的市场逻辑，她并不信任社工和村民，更不会将自己放在与他们平等的地位去协商问题的解决方法。最终，青田终止了与郑女士的合作。另一个合作者唐文亮则论断道：

> 这些NGO(非政府组织)最主要的使命在于：创造潮流，发明概念，另外就是承担初期实验的成本。比如一个新型的生态农业项目，可能探索期会有风险，即使商业圈中的天使投资者也不会做。但是NGO可以利用自己的资源聚集优势，来承担可能的实验失败风险，因为NGO乐于做这些事。然后他们再发现需求，为可能的解决方案提供基础。像青田这样的机构，他们发展的生态种植项目因为市场没有对接好不能持续。如果要做到可持续，必须利用商业思维进行运作。

唐文亮的论断反映出部分合作伙伴的另一种“心态”——他将青田作为帮助资本探索成熟商业模式的先锋，拿着项目资金去承担前期的实验风险。他不相信社工机构或者农户可以成长为成功的经济活动主体。部分消费者和合作伙伴将项目的经济属性置于社会属性之前。他们过分追求工具性目的以及对青田的不信任，是主流市场的逻辑作用于人们主观意识的体现，也是制约项目的被动社会再生产机制。

操作性约束：社工的角色困境

青田是一个社会工作机构，工作人员既要做社工，又要做创业者处理生产和销售的问题。扮演双重角色需要跨专业的知识，以及处理更为繁复的工作任务。受各种条件限制，社工并不容易适应双重角色的要求。这构成了项目的操作性困境。

社工并不擅长商业管理和市场营销。本案例中的产品选择策略就暴露出这一短板。蔬菜其实并不适合作为项目的主打产品之一。因为春熙村耕地面积少，蔬菜主要供农户自己消费，有时村民还需要从外来商贩那里购买蔬菜。将其商品化面临规模小、生产难以组织等问题。此外，春熙村交通不便，加上缺乏合适的运输工具，蔬菜在运输中的损耗较大。

商业运行过程中不同的内部协调也是一个问题。社工曾帮助村民开发一种加工农产品——一种叫做"梅精"的青梅提取物。据说该产品具有很强的抗氧化功效。由于加工过程较为复杂，且市场缺乏同类产品，该产品最初的零售价为每瓶(50 克)250 元。然而，农产品商店负责人吕思发现该产品难以销售。因为"消费者不知道这么高的价格到底是为什么"。他认为开发产品的同事想要农户生计得到更大的改善，但却没有和销售端的工作人员协调到位并充分了解市场的需求。

双重角色意味着社工需要某种程度的跨界。这既增加了项目实施的难度，又要求社工拥有与其他领域人才合作的意识和能力。曾参与过本项目的社工张浩说：

> 我们的想法很好。但是我们没有能够真的做到跨界，没有整合其他领域的资源和人才，最终我们自己去干所有的事。但我们自己本身又不是很懂。我们没有什么会营销的人才，也不大懂得去控制成本，降低物流过程中的损耗。技术也是很大的问题。生态农业是很专业的东西。不是农民跟自己过去一样种地就是生态农业。整体的规划、质量管控，经营管理、替代农药和化肥的技术，等等，都需要专门的学习。

平衡好时间和精力是社工承担双重角色时的另一个挑战。表 5.3 展示了项目初期某个月内社工的主要工作任务及其分类。一共有五个工作人员参与了这个月的工作。市场链接和生产组织是最主要的两项任务，也最能体现发展性社会工作的特点。其余三类任务则与非发展性社会工作类似，包括社区工作、文案整理和公共关系维护等。

表 5.3 春熙村项目初期某月社工的主要任务及其分类

任务分类	任务名称	负责人	具体内容
市场链接	第一次共同购买	A B C	成本收益核算，整理参与人员信息；与生产小组沟通，推动小组成员自主解决问题
	店铺装饰设计	A C	墙体装饰、店铺摆设
	店铺日常管理和营业员培训	A	营业员理念和操作培训、成本核算、进货出货
	消费者"鸟兽鱼木"体验游	E D	方案设计、活动准备、文字报道
	蔬菜配送	E D	从春熙村配送蔬菜到订货消费者家中
	拜访同类机构，建立合作关系	E	与相关机构建立初步合作意向
生产组织	农户走访和协定合作	C D	签订协议、资料收集、组织生产
社区工作	春熙村祠堂修缮	C D	落实祠堂工程款；与祠堂修缮委员会协商祠堂修缮方案
	春熙村社区电影放映	C D	每周放映一场电影
文案工作	项目有关资料整理	B D	相关报告或文件
	本月计划制定和跟进评估	B	制订下月计划 撰写本月评估报告
公共关系	接待云南某机构参观	A	陪同来访者到春熙村以及农产品商店参观，组织村民与到访者交流
	接待电视台采访和节目录制	A D	与电视台一起去春熙村、农产品商店以及社区支持农业联盟的农产品市集拍摄，并接受采访

注：表中社工姓名以字母代号表示。

上述因素严重制约了农产品销售的发展。养蜂农户易常永告诉笔者，青田对每公斤的蜂蜜收购价格比市场价要高五元。“这是很好的价格。但没有什么用处，因为蜂蜜卖出去的不多。”易常永一年能够收获 800 多斤蜂蜜，青田一年从他那里收购的不到 100 斤。蔬菜种植农户同样面临收购量小的困境，也就无法积极响应社工们倡导的生态种植。有限的市场规模最终导致了生态种养殖小组的暂时终止。

笔者第一次去春熙村时，正值项目在农产品销售上的调整期。从 2012 年开始，青田聚焦在农产品简单加工上，陆续帮助村民开发青梅酒、水果酵素、水果精华等产品。除了继承公平贸易、绿色环保等原有的产品特征外，这些产品附加值更高，容易运输和保存，且市场竞争较少。同时青田控制了参与农产品加工的人数。春熙村只有两户加入，另有临近村庄的十名妇女加入。

农产品商店的运营也有重大调整。2013 年，青田将农产品商店“外包”给了辞职的员工吕思。吕思从社工变成了一个体经营者。作为外包的条件，吕思将拿出 20%的利润返还给青田作为社区发展基金。而青田则免除部分转让费。

相比农产品销售，生态旅游似乎更成功。调查期间，互助组的每个成员每月可以从乡村旅馆业务上获得 500 至 600 元收入。对于春熙村的村民来说，这是相当可观的。调整后的农产品加工主要依靠其他社会组织和企业的销售渠道，发展也较为顺利。

然而，青田的项目始终面临影响有限的问题。旅馆互助组只有 8 名成员，农产品加工在春熙村只有 2 户。由于市场规模太小，互助组无法吸纳更多成员，甚至引发了其他村民的不满。

三、小　　结

X 协会从 2009 年开始正式组织农产品销售，青田则在 2010 年开始实施项目。前者的农产品销售经验只比青田多了一年，但两者在市场策略和影响上相差较大。X 协会采用了主流市场为主替代性市场为辅的策略。批发市场是其农产品销售的首要渠道，在 2011 年为 X 协会创造了近 50%的利润。青田则只专注于替代性市场。作为社会工作机构，青田并不熟悉主流市场。他们强调社会创新，或许为选择替代性市场提供了合理性。但替代性市场的规模过小，影响十分有限。①

相比主流市场，替代性市场的消费者基础有限，扩大规模和影响尚需要时间。在被主流市场包围的宏观经济环境下，替代性市场面临诸多结构性限制。同类产品的生产者或者是因为不关心社会成本而在价格上具备优势，或者是因较高程度的资本化挤压小生产者的生存空间，从价格和资金上对替代性市场形成“围剿”。内化在人们心中的等价交换、自由竞争、优胜劣汰的市场逻辑消解了部分消费者、合作伙伴对商品及其价格背后社会关系的关注意识，消费者和合作伙伴对替代性市场的组织者并没有充足的信任与理解。这些社会再生产机制制约了替代性市场策略的实施。

虽然替代性市场规模过小，并不能满足春熙村大部分村民的需要。但是青田的项目仍然具有一定的象征意义。替代性市场策略更像是一种社会实验。遇到挑战的青田调整了某些行动策略，比如选择更合适的简单加工农产品进行开发，从农产品商店的运营中抽离出来，集中精力做农民的组织工作等，以降低结构性困境的影响。这表明微观行动方式的改变可以在某种程度上提升替代性市场策略成功的可能性。

X 协会的部分经验，对社会经济实践者也有所启示。合作伙伴非常重要。社会企业奥米对农产品销售的贡献很大。虽然奥米不是最大的买家，但其收购的有机棉花数量相当可观，并且认同和支持协会的理念。手工艺合作社也获得了诸多社会组织和社会企业的订单。小额信贷部门则从某个慈善基金会获得贷款。最重要的是，这些合作伙伴不仅有资源能够帮助协会，而且与协会共同致力于社会目标的实现，从而避免出现合作方中途变卦等现象影响社会经济实践的成效。

---

① 根据 X 协会和青田提供的内部文件，2011 年，X 协会农产品销售收入为 488 万元，青田在春熙村的农产品销售收入为 10 万元。如果算上生态旅游，春熙村项目的总收入为 20 万元。销售收入上的巨大差距也与两个地区的农业生产条件，以及两个机构的服务范围有关。

第六章　必需品：对商品化问题的处理

大多数人工作是为了谋生。Gibson-Graham 等人观察到两个现象：一些人在恶劣的条件下长时间工作，却生存得很差；而另一些人通过努力工作赚了很多钱，但需要付出高昂的社会和心理成本。鉴于此，Gibson-Graham 等人提出了"为工作而生活还是为生活而工作"的问题。他们建议人们将工作的目标定为"好好生存"，而不仅仅是"生存"①。"好好生存"意味着获得包括物质层面、职业层面、社会层面、社区层面和健康层面等各种类型的福祉。为了实现上述工作目标的改变，除了推动相关社会政策，Gibson-Graham 等人还呼吁人们调整工作模式，在保障生活的基础不以货币收益为工作的主要目标。

尽管上述呼吁发生于西方发达国家，但对于今天的中国也有借鉴意义。Gibson-Graham 等人对于人们工作状态人性化的呼吁，实际上是对劳动商品化的反抗。也是对马克思"商品拜物教"和"异化"概念的继承。在市场经济中，商品化是指各类产品普遍地成为可交易的对象。而劳动的商品化意味着直接生产者的劳动力使用权普遍地成为交易的对象，且劳动者的生存所需也主要依靠其出卖劳动力而取得。② 异化是马克思批判资本主义雇

---

① GIBSON-GRAHAM J K, CAMERON J, HEALY S. Take back the economy: an ethical guide for transforming our communities [M]. Minneapolis: University of Minnesota Press, 2013.

② 孟捷，李怡乐. 改革以来劳动力商品化和雇佣关系的发展——波兰尼和马克思的视角[J]. 开放时代，2013(05)：74-106.

佣劳动时提出来的概念。马克思认为劳动本来是人“自由的有意识的活动”，而资本主义雇佣劳动却使得劳动者将“物”的目标置于“人”的目标之前，甚至为了生产和利润，牺牲自己的健康等其他福祉。因此，人同自己的内在的生活需要和本质相背离。① 在大多数生活物资商品化的宏观背景下，人们劳作的目的从直接满足自己的需要变为追求商品的交换价值。多数人只能依靠劳动换取现金，以获得生活必需品。生活必需品的商品化推动了劳动的商品化，而劳动的商品化则可能带来异化的问题，损害人们的幸福感。

社会经济的实践者既需要在市场中提升自己的盈利能力，又需要保持社会性和互益性的本质。平衡这两者需要合理应对商品化的问题。在多大程度上社会经济实践需要将人们的劳动及其产品商品化，以帮助人们改善生计？在劳动及其产品商品化的同时，社会经济又如何防止异化的问题？本章考察了两个案例对于商品化的不同观点。X 协会在链接主流市场满足人们基本生活需要的同时，试图在社区内树立超越商品化的逻辑。它表现出一种“反经济主义”的意识形态，限制劳动和产品的商品化，并努力提高社区的自给自足能力。而青田则采用了另类商品化的策略。然而，村民却在社会经济实践中对这一目标难以理解，并表现出只关注经济利益的倾向。

一、X 协会：限制商品化与提高自给能力

（一）限制商品化

在开拓市场赚取经济利益的同时，X 协会也贯彻着限制商品化的策略。协会一方面帮助农户对接市场，另一方面对于部分产品的商品化非常谨慎。他们将生态种植定位于一种生活方式，拒绝接受手工艺品的订单，也

① 马克思．1844 年经济学哲学手稿[M]．人民出版社，2000：57.

不向到访的游客售卖老人的剪纸。上述行为表现了 X 协会的“反经济主义”理念，他们试图在保障农户的基本需要的同时，降低农户对于现金收入的盲目追求，避免在这一过程中可能出现的人的异化。

“不只向钱看”的生态种植

2008 年，X 协会开始进行生态农业的技术实验。生态农业因为减少了资本要素(化肥、农药等)对劳动的代替，增加了劳动投入；且产品具备环保健康的特点而产量偏少，因而价格较高。但是 X 协会并没有将生态农业只是作为商机。宋菱阐述她对生态农业推广的看法：

> 农村是生活的天堂而不是挣钱的天堂。我们和农户在生态农业上合作不是说要挣到更多的钱，而是要营造良好的生活环境。不少人希望生态农业能赚钱，可这样里边就会有其他的问题。我们跟农民交流时会讲到良心，我们把大家召集起来帮助大家分析，你前脚刚喷杀虫剂，后脚就把桃子卖掉，这样是不是合适？然后他们就没说话。我们希望引导他们认识过多地使用农药对土地对人都有伤害。①

有机棉花的收购是践行限制商品化理念的一个典型例子。如第五章所说，X 协会与香港奥米公司签订协议，奥米承诺以超过一般棉花市场价格的 20%~30%向协会收购有机棉。协会则作为链接奥米和分散农户的桥梁。奥米对收购量不设上限。有了奥米的承诺，为了在当地推广有机棉花的种植，X 协会也向农户保证：只要按照协会规定的方式种植的有机棉花不管多少都一律收购。

在第一年的有机棉花收购中，按照奥米公司的溢价，协会给农户的收购价格比当地其他中间商高出 30%。当时市场上每公斤的收购价大约为 6 元，而 X 协会的收购价是 8 元。这本是一件有益于农民的好事。但 X 协会

① 资料来源：笔者根据 2013 年宋菱在某乡村社区工作者培训上的演讲整理。

分管农产品销售的郝大有说，协会第二年就难以从农户手中收有机棉了。他解释道：

> 许多农民就说了，我们多给他们一块钱，那我们就能从里头多挣五块钱。对一些我长期服务过而且我觉得之前大家互相信任的农户，我觉得价格对他们不是大问题。但是我错了。2010 年的时候，我们比市场价每公斤高出两块钱。一个农户要是卖给我们两百公斤，就能多挣四百块。但是同时他会猜想我们肯定利用这四百块去挣更多的钱，一千块甚至上万块。这时他就觉得不公平了。

这种臆测的不公平使一些农户要求 X 协会进一步提高收购价格，否则就拒绝出售棉花。这样的要求已经超出了 X 协会和奥米公司的承受能力，被 X 协会拒绝。X 协会最终也没有收购这些农户的棉花，因此也被这些农户认为违反了先前的约定。

X 协会希望自己的定价策略不要助长这样的风气，能够引导农户“不只向钱看”。从 2011 年开始，X 协会更改了收购价策略，有机棉收购价与一般棉花的收购价基本相同，每公斤只高出几毛钱。这样做的目的，用宋菱的话说是“将人们膨胀的经济欲望压缩到最低”。协会将奥米公司收购棉花的溢价转为化为非货币形式的生产或生活服务，包括提供免费种子和低价机耕，以及社会服务等。

郝大有认为 X 协会最不愿看到的就是农户和协会只剩下经济上的联系。协会希望给农户提供“不仅是经济上的利益，还有其他金钱换不到的”。他随后举了一个例子。一位七十多岁的老奶奶告诉他自己不愿意将棉花卖给其他收购商，哪怕其他人出价比协会高。因为棉花的种子是协会免费给自己的，而且自己承诺过要卖给协会就必须信守诺言。协会提供的社会服务也给部分农户带来吸引力。一个农民打算把有机棉花卖给其他买家。他的孩子参加了协会举办的夏令营，并且可以到协会修建的儿童泳池游泳。为了表达感谢，他最终将棉花卖给了协会。

当然并不是所有农户都愿意以社会联系替代经济利益。一些农民表示，X协会给的溢价太低，无法补偿密集的劳动投入，不想再种有机棉了。此外，早年地方政府曾在当地推广果树种植。当看到先种果树的人们经济收益增加明显，其他农户们纷纷效仿。因此，很多农户不再种植棉花。

除了棉花，协会还推广了许多其他品种作物的生态种植技术，包括当地常见的粮食果蔬作物，诸如小麦、玉米、核桃等。这些作物的生态种植主要是为了保证当地人的健康，产品主要用于自给。在一次参观青年农场的过程中，一个外来考察者很惊异地问郝大有："你们这些生态产品的销路都没有打开，怎么敢让农户去种呢？到时候这些东西都卖到哪里？"郝大有的回答很轻松也发人深省："它们直接到我们胃里了啊。"

这个小插曲展示了外来者和协会不同的理念。外来者一说到生态产品首先想到的是如何卖掉，实现经济目标，而协会则是为了社区的自己消费。和笔者一样，当时不少到社区的参访者想要购买生态农产品。然而，协会将少量从农户那里收购的生态农产品作为礼物赠送给参访者，但却并不出售。郝大有解释：

> 我们现在先不卖我们的生态产品，一方面是因为我们还在摸索生态种植的技术，还有生态产品的销售策略。另一方面，我们始终觉得，我们农民应该自己先过上好的生活，让自己先吃得健康，再去帮助城里人。我们辛辛苦苦挣这么多钱，不就是为了过上好的生活？那为啥不先把生态产品留给自己？也只有在我们只是出售我们多余产品的情况下，我们后面的生态产品的价格才不会那么高，更多的城里人才吃得起。如果我们只是为了卖生态产品而生产，而且以高价出售，能买得起的人有多少，这个市场规模又能有多大呢？

上述解释代表了X协会对于商品化问题的反思。如图6.1所示，X协会推广的生态种植农产品主要分为两类：经济作物和非经济作物。前者主要是棉花，由奥米公司购买。为了限制经济利益可能引起的异化，X 协会最终将收购价降到了与非有机棉花大致相同的价格。非经济作物的生态种植品种是小麦、玉米和蔬菜等，主要供社区村民自用。协会对待这些用于自给的产品暂时不考虑向外出售。

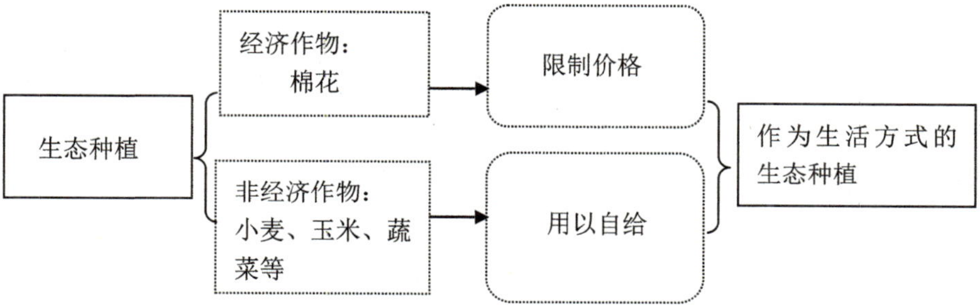

图 6.1　作为生活方式的生态种植

拒绝出售的产品

手工艺合作社发生的事更是将协会对限制商品化的策略体现到极致。首先是控制产量。手工艺合作社主要生产棉被、床单、手工包等产品，在当地的旅游景点销售量较大。连香港的社会企业也曾到协会来下订单。手工艺合作社规定附近会纺织的妇女可以领棉花回家纺成线再送到合作社。劳务报酬根据纺线量计算。由于纺线在年轻妇女中并不普及，许多愿意做这项工作的是老年妇女。当初 X 协会认为这样可以补贴一些老人的家用，但不久却发现出了问题。不少老人为了多挣钱，从协会领走大量棉花长时间纺线，以至于累病了。直到有个年轻人指责手工合作社“害苦了”自己的母亲，X 协会才发现为老人提供经济机会的负面影响。

从此之后，手工艺合作社规定每个人每月最多只能领取三斤棉花回家纺线。负责管理手工艺合作社的王玉琴说：“如果整个协会的目标是建立一个快乐的农村社区，我们就没有理由让人们成为工作和金钱的奴隶。”

X 协会为了限制产量拒绝了一些外来的手工艺品订单。这样做的另一个原因是协会希望手工艺合作社花更多的时间在传统工艺的学习和继承上。笔者第一次去华山村调查时，尚能从手工艺合作社购买产品。但第二次和第三次去，手工艺合作社已经停止向外来人员出售任何产品。只有协会内部的员工家中遇到婚嫁喜事之时，合作社才会生产有限的床单、棉被等产品。① 当时合作社的全职员工每天忙于拜访附近村庄的老人，学习传统的剪纸、织布、刺绣等技术。员工们每天从老人那里描摹剪纸和刺绣底样，还要花大量时间练习老人传授的技艺。王玉琴说：

> 附近村子会传统剪纸、织布还有染布的老人们年纪都很大了，大部分都是七老八十的。我们要是慢一点去找他们，可能他们就不在了。所以我们最近先打算把生产放一放，尽量先去拜访一些老人，搜集传统的手工技艺。不然我们下一代就不会了。

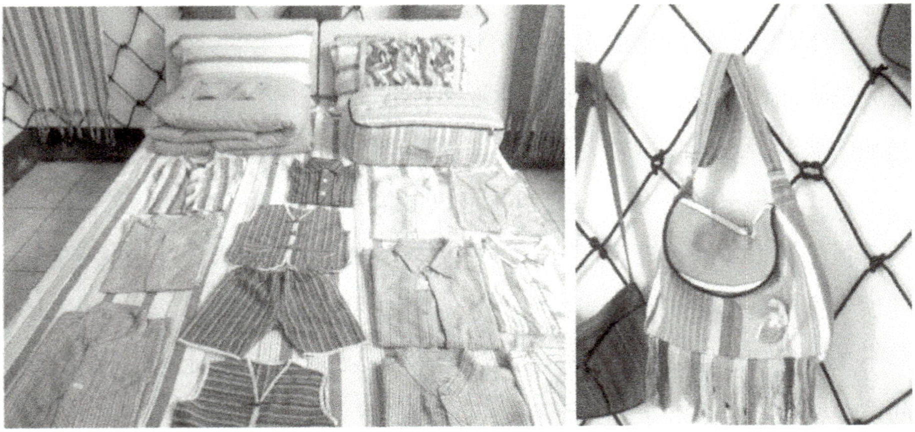

图 6.2　X 协会手工艺合作社部分产品

① 按照当地传统，女方出嫁一般需要一定数量的新床单和新被褥作为陪嫁。

另一个相似的故事是X协会拒绝出售养老服务中心的老人们的剪纸作品。X协会在华山村开办了养老服务中心，中心里有几个年纪比较大的老人每天以剪纸为乐。当地只有八十岁以上的老人还能够完全按照传统方法做出手工剪纸作品。虽然她们基本都不识字，但是他们能够用剪刀刻出栩栩如生的图案。很多过来参观的人看见这些剪纸都会问X协会的工作人员是否出售。一般都会得到如下回答："不，我们不卖这些剪纸，但如果您喜欢的话您可以问问这些老人是否愿意送给你们。"

图6.3　X协会养老服务中心的老人剪纸作品

许多参观者不敢相信这样的回答。养老服务中心的收费很低，属于公共服务部门，需要X协会依靠盈利部门的利润投入补贴。如果这些剪纸能够为协会带来利润，然后协会再拿着这些利润去支持养老服务中心的发展，不是一件好事吗？笔者曾经也有同样的想法。但是在当地村庄经历了一件事却让笔者更能够理解 X 协会的用意。

2013 年笔者在养老服务中心遇到一位已经年近九旬的老人。她邀请我去她家看看她的剪纸。到了她家，她开始跟我讲述她家经济状况如何不好，并问我是否愿意买一些她的剪纸。我未曾料到她有这样的请求，但还是同意了。我问她价格多少。她说："你看着随便给吧。"不过她也同时告诉我上一次有一群参观者到她家拿了几张剪纸给了她五十块。于是我也拿了几张剪纸，留下五十元钱给她。

第二天，我刚从 X 协会的食堂吃完午饭出来，另一个老人站在自己家门口冲我招手。她也请我去她家"欣赏"剪纸作品，也同样问我要不要买。这次，我拿了一些给了她三十元钱。

这两件事之后，我开始反思自己去买老人的剪纸是否合适。特别是我想起在养老服务中心看到那个年近九十的老人用颤抖的双手剪纸的画面。我的所作所为，是不是在鼓励她继续向下一个参观者以一种乞求的语气诉说她的贫困，鼓励她对于出售剪纸作品的渴望呢？她可以挣到一些钱，可是如果她一直想着如何靠手中的剪纸挣钱，会不会也累病呢？手工艺合作社的员工经常说，自己的产品是"作品"而不是"商品"。协会对剪纸的定位也是这样。正是由于担心剪纸作品商品化后的经济效益，会让老人们丧失将其作为休闲活动的乐趣，甚至以牺牲自己的健康为代价尽可能多的"生产"，X 协会才不愿意销售这些剪纸。

X 协会服务的村庄中，大部分老人没有养老保险。养老服务中心中的不少老人有慢性疾病，平时医药花费不少。他们对于提高收入的需求确实存在，而协会限制商品化的举措某种程度上与这一需求相悖。不过，X 协会以养老服务中心的低收费来帮助老人。养老服务中心的运营经费用主要来自协会经济部门的盈利，此外还接受捐款和捐物。每个老人每月只需支付 150 元餐费，这将在下一章讨论"公地"和"剩余"时进行详细描述。

因此，与生态种植相似，协会将纺纱、织布、剪纸等工作定位为"满足人们的基本生活需要"，而非赚取货币收益。与大肆宣传这些手工艺作品，将其推向市场相比，X 协会更愿意以其他方面的盈利来满足社区成员的部分需求，从而避免特定群体的劳动及其产品商品化，以及在此过程中人的异化。

（二）提高社区的自给能力

除了限制商品化，X 协会还努力提高社区的自给能力，以减少赚取现金收入的压力。相关尝试主要有两方面：一是促进社区内部的物物交换，二是组织农户的消费合作，推动共同购买价格较低但质量较高的生活用品。

物物交换被定义为“在没有金钱易手的情况下进行商品和服务的直接交换过程”①。在 X 协会，它起源于员工食堂的原材料采购。食堂的主管王素清表示，食堂通常从附近的农户那里购买蔬菜。蔬菜并非当地的主要经济作物，大部分农户家里的产量有限。一些年纪大的农户种植较多，主要供自己食用。他们在蔬菜有剩余的情况下，才运输到镇上去买。农户之间互相赠送蔬菜也比较多见。蔬菜在当地农户的心里，并非是“商品”。

因此，当食堂向农户提出购买蔬菜时，很多农户不好意思收钱。于是食堂的工作人员干脆依着当地传统，给农户其他种类的农产品或必需品（如油）作为补偿。由于食堂的大部分农产品是从附近的农户那里获得的，食堂和农户之间的交换实际上就推动了不同农户之间的交换。随着时间的推移，越来越多的农户参与进来。农产品销售负责人郝大有介绍：

> 我们有自己的公共食堂，用来解决员工的午餐问题。农户内部农产品互换的起点主要源于公共食堂的采购。我们的理念是从本地农户家里采购原料，因为农户家里的菜比较安全，也是当季的蔬菜。由于

① WILLIAMS C C. The new barter economy: an appraisal of local exchange and trading systems (LETS) [J]. Journal of public policy, 1996, 16(1): 85-101.

农户每家的菜量不大，有时候人家送来一把韭菜，不好意思收我们给的一两块菜钱，我们就想出用实物交换的办法，比如我们进回来一些盐、大米、油，我们食堂使用的同时也跟农户交换其他蔬菜。这其实也是我们做社员消费品统购的起点。如果他不需要这些东西，我们也可以给他们钱。交换的方式也是按照市场价将农户送来的东西折算成现金，再给他同等价值的其他东西。

这样对双方都有好处。如果公共食堂在市场上买，辣椒是三块一斤，在农户那里只要一块五钱一斤。冬瓜市场上五毛一斤，农户那就是四毛，我们就近买还便宜。而农户也不用自己拉到镇上费功夫去卖。有的人给我们辣椒，想换油，其实油也是我们在其他社员那里采购的。

如此一来，X 协会发现了农户的需求：他们希望减少货币支出来获得生活必需品。农产品互换相当于协会在农户之间搭起一个桥梁，帮助农户互通有无，调剂余缺，尽可能地在社区内部满足自己的生活需要。X 协会希望未来这样的做法不断扩大。

考虑到农户需要的生活必需品品种多样，X 协会进一步着手推动消费合作。协会首先将消费合作的目标产品定位于本地的产品。消费合作最先从对接本地(华山村和附近村庄)的消费者和生产者开始。与物物交换不同的是，消费合作需要以现金作为支付媒介。但由于生产和消费的双方都在本地，两者的市场距离缩短，消费者可以用低于市场的优惠价格购买产品。此外，由于本地的熟人关系在监督质量上起到一定作用，消费者购买的产品质量可能更高。采用这种消费合作模式的典型品种是小麦。

当地以面食为主，小麦是主粮，每家每户对面粉消耗极大。由于经济效益低，当地很多农民减少了小麦种植面积，而将土地用作水果种植。但仍然有一些农户种植小麦较多。X 协会利用多年的社区工作网络，收集农户的面粉需求和小麦供应信息，对接供需双方。X 协会收购小麦并送到工厂磨成面粉，然后销售给有需要的村民。这样做不仅节省了供需双方的交通和时间成本，也保证了面粉的质量。负责这项工作的王素清描述：

> 市面上的面粉不仅含有增白剂，而且还添加了水分，这样就能增加面粉的重量。我们利用农业技术推广工作联系上种植小麦的农户，然后把小麦加工成面粉给不种小麦的人。在市场上，一袋50斤的面粉，掺水之后实际上比我们少用5到8斤的小麦，这就有大概10元的成本差距。这样算，如果一家农户每年用600斤面粉，我们可以帮他们节省120元。

笔者调查时，消费合作已经扩大到部分本地无法生产的产品，包括红枣、大米、牛奶、方便面等。这些产品由X协会统一采购。因采购规模较大，采购价较低。之后X协会再将这些产品以低于市场价的价格出售给农户。消费合作增强了农户的议价能力，帮助农户节约了生活成本。

二、青田：另类商品化及其困境

青田在必需品维度上采用的策略可以称作“另类商品化”。另类商品化有两层含义。一是商品化，即帮助农户开发产品和服务并推向市场，以换取货币收入。二是另类，即这种商品化过程与主流市场的商品化过程并不相同，因为它自始至终都关注劳动者的权益以及环境保护、文化传承等社会目标。商品化是嵌入在社会性中的，也是实现“嵌入”的手段。

然而，受结构性因素的影响。另类商品化的策略也隐含了许多矛盾。该策略尊重劳动者的决策权，然而在核定劳动价格和劳动时间时却遇到困难。该策略将原来农户用于满足自己需要的资源和产品商品化，实质上是扩展了商品化的范围，将村庄更大程度地卷入市场竞争之中。“商品化”本来定位于实现“另类性”的手段，在实践中“商品化”却被抬升为目的。

(一)劳动定价的困境

尊重劳动价值

Gibson-Graham 在必需品维度特别强调了工资和工时的确定。像许多社会经济实践一样，青田希望保护劳动者的权益。因此对产品和服务的定价过程充分尊重了劳动者的意见，劳动成本在最终定价中都占了相当大一部分。在青田的引导下，互助组给产品定价时会在加总各项成本之后形成一个基准价格，在基准价格的基础上参照同类产品的市场价格进行调整。

以旅馆客房定价为例，共 12 间房，最初互助组共 7 人。定价依据为：在 12 间房间住满的条件下保证小组 7 人的劳动所得能达到市场上的平均水平。当时当地的劳动力价格大致为女工每天 60 至 70 元。如果按照算每人每天 65 元的工价算，7 人每天总的工价为 455 元。平均到每间房间的劳动成本应当是：$455 \div 12 \approx 38$ 元。此外，每个房客每晚要消耗水、电，公共澡堂的煤气和房租，粗略估计每晚 10 元。那么一间旅馆房间每晚的价格至少应当在 48 元左右。小组最终将房间价格决定为：单人间每晚 50 元，双人间每晚 60 元。实际上，如一位青田的社工介绍，在运营前期客人较少时，有时候一晚上只来一位客人，7 个组员平均分配，可能每人连 10 元钱也分不到。为了鼓励客人常住，互助组根据住宿时间长短实行了阶梯价位。表 6.1 是项目初期单人间的价格。

表 6.1　项目初期乡村旅馆单人间住宿价格

住宿天数	每晚价格(元)
1~2 天	50
3~7 天	45
8~15 天	35
16~30 天	20

资料来源：笔者对互助组成员的访谈。

计算工时与劳动成本的困难

让劳动者计算自己的劳动价值并体现在产品最终价格中，是民主而公平的。不过也会存在一些问题，比如一件产品所包含的工作时间（以下简称“工时”）的确定就是件麻烦事。

在村庄期间，笔者目睹并参与了一种叫做“梅精”的产品制作过程。梅精取材于当地种植的青梅，由社工从台湾学习其生产过程，然后再教授手工农产品制作小组开发生产。据说梅精是一种强抗氧化食品，对人体健康有益。其制作工艺较为复杂，过程中不可使用金属器具，只能经手工辅以木质、陶瓷或石质工具生产。作为高浓缩的水果产品，35 斤到 40 斤左右的青梅才能制成一斤的梅精。制作过程需要人工去核、切粒、碾碎、挤压出汁、过滤，之后所得果汁被放入陶罐在炉子上熬煮。果汁浓缩为果酱后还要继续熬煮，最终果酱变成到水分很少的浓稠状之后才大功告成。熬煮期间炉火一到两天不能间断。熬煮过程中必须不时搅拌，以防止果浆与陶罐底部粘黏，因此必须保留至少一人昼夜不停地负责搅拌工作。互助组与手工农产品制作小组分别制作了梅精。

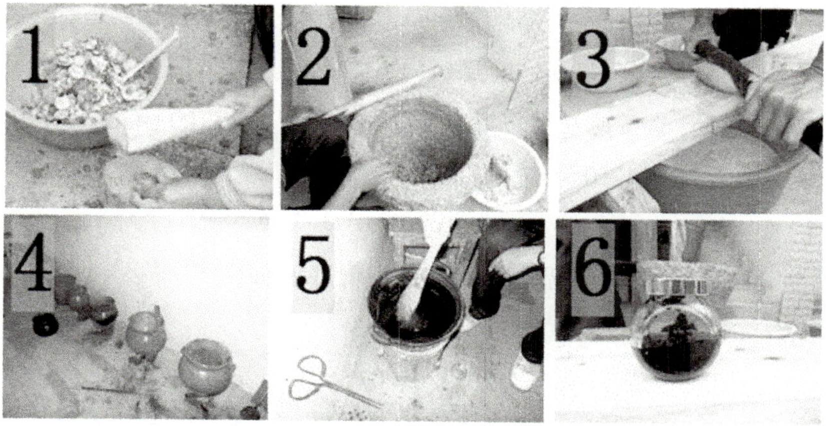

注：步骤 1 到步骤 6 分别是去核、磨碎、榨汁、煮沸、搅拌浓缩、装瓶。

图 6.4　梅精制作步骤

这样高劳动投入的产品如何定价？笔者的田野调查笔记记载了青田的社工与互助组商议的情况。

田野调查笔记摘录1（2013/05/07）：

由于两个组员家中有事，互助组只有6个组员参与此次梅精制作。她们花费了3天利用145斤青梅做出了4斤多的梅精，熬煮耗费50斤火炭。

青梅每斤2元（市场价），成本为：145×2＝290元；

火炭每斤2元（市场价），成本为：50×2＝100元；

当时当地的劳动力价格为80元/天，按照每天工作8小时计算，平均每小时的劳动价格为10元钱。

所有关于材料的成本和劳动力的成本信息都是由互助组成员提供。计算工时比较困难，在场的一位互助组成员表示6个人做了3天的时间。所以最终所有人的劳动价值应当是：10元/人/小时×24小时×3天×6人＝4320元。

这引起青田社工的疑问："人工要这样算吗？六个人每个人都做了三天吗？"

某互助组成员："是的。"

社工："好，那就按照六个人计算。"

最终计算互助组制作梅精的总成本是：290+100+4320＝4710元。平均每斤价格4710÷4＝1180元；每两（50克）成本118元。

青田社工与手工农产品制作小组的定价过程如下。

田野调查笔记摘录2（2013/05/07）：

两户村民共3个人劳作2天，生产出1斤梅精，用青梅37斤。

青梅每斤2元（市场价），成本为：37×2＝74元；

炉具、火炭、瓦罐等其他成本：共110元。

劳动时间上，虽然工作了两天，但是除去中间的休息做饭时间，劳动时间共28小时，这也是手工农产品制作小组劳动者认可的。但是在计算每小时人工价格时，社工提出和互助组一样的按照每小时10元算。但参与劳动的村民则表示，每个劳动力除了每天80元的工钱，雇主一般还要按照当地传统管工人一顿午饭，并且男工要给一包烟。经过协商，最终按照每小时15元计算劳动力价格。一共3个人参与到这次劳动过程，考虑到并非一直是3个人同时劳动，所以其中一位农民提出按照1.5个人工计算。最终劳动价值为1.5人×28小时×15元/小时/人=630元。上述成本加总，则手工农产品制作小组一斤梅精的成本为：74+110+630=714元；每两成本(50克)为71.4元。

两组价格相差近50元每两(50克)。虽然手工农产品制作小组计算了煤炉、瓦罐等固定成本；并且他们认定的每小时劳动力价格比互助组高5元，但是最终计算出的产品成本却更低。究其原因不难发现，这主要是对工时计算的差别所致。如果我们以投入的总小时数计算工时。手工农产品制作小组一共3个人做了两天，最终决定算作1.5个人工做满28小时，那么一斤梅精的总劳动投入为1.5人×28小时=42工时。互助组算作一共6个人做满了3天，其中包括没有用于梅精生产的时间，如吃饭休息所耗费的时间等。则他们一斤梅精消耗工时为6人×3天×24小时/4斤=108工时。如此计算，同样单位的产品，劳动投入居然相差64个工时。

青田的社工们一直秉承尊重劳动价值的理念，期望与劳动者共同商议出一个他们可以接受的、能够体现劳动价值的产品价格。由于单位时间的劳动力价格以市场价计算，梅精制作中，劳动的价值最终由劳动时间决定。本案例中劳动时间则依照劳动者自己的报告计算。虽然与互助组成员商议时，社工们有意识地质疑了是否要算6个人做满3天，但最终由于缺乏衡量劳动的公认标准——比如马克思说的社会生产某种产品的平均劳动时间(社会必要劳动时间)，而采纳了劳动者自己报告的工时。

这样做的一个问题是：生产过程中的劳动力过剩问题被劳动者有意或

无意地隐藏了起来。互助组中6个人做满3天其实是不可能的，大家总要吃饭、睡觉。据观察，其中有一天夜晚所有人是守在一起直到天亮的，因为要不断加炭，还要不断搅拌以防止梅精与罐底粘黏。当时一共5个煤炉，上边各有一个瓦罐。每个煤炉大约平均10分钟加一次炭，每个瓦罐5分钟搅拌一次。这样的劳动量其实一个人也可以完成。考虑到是夜晚大家需要休息，也可以安排轮流进行。或者每次2个人，进行3次轮班。但是互助组采取了6个人一起看管一夜的做法，这样就存在了劳动力过剩的问题。①完全依此来计算工时的话，显然是不合理的——如果市场上仅有这一组生产者，这是可行的，但意味着垄断。而当市场上有不同生产者，劳动效率低的小组(互助组)最终的产品价格要高，这又分为两种情况：一是无法与其他生产者竞争，二是能够通过一些替代性市场比如公平贸易市场等卖出去，但其中的高成本则转嫁给消费者。

在这个案例中，劳动定价的直接后果是两组的价格达不到统一。不过最终因为种种原因，互助组生产的梅精品质略有瑕疵，暂时不按照梅精的标准售卖。所以梅精的价格最终只需与手工农产品制作小组商量，暂时避免了不同小组工时不一致的矛盾。此外，手工农产品制作小组计算价格时对如何计算人工也有争议，社工们又与他们进行了第二次价格商议。并参照市场同类产品的价格，最终定价为每两90元。遗憾的是，笔者并没有亲历第二次价格商议过程，无法在此展示出来。

(二)嵌入社会目标的困境

另类商品化中的“另类”指“生计拒绝窄化为‘财富/收入’单一物质层面与纯粹经济视角下的生产，而是同时包括‘生态、生活、生产’在内的立体脉络与丰富内涵”②。“另类”与波兰尼意义上的“嵌入”具有相似意义，

① 互助组成员之所以这样做，与他们的分工和分配方式有关。这一点将在第七章详细说明。

② 潘家恩，张兰英，钟芳. 不只建设乡村——当代乡村建设内容与原则[J]. 中国图书评论，2014(06)：32-41.

另类商品化是农村社区对市场侵蚀的“自我保护运动”，可以通过关联绿色食品、环境保护、社区发展等议题吸引特定消费者，帮助农民拓展市场，反作用于生计建设。其最终目标是将生计发展嵌入到社会、生态和环境目标中。然而，另类商品化想要实现这个嵌入性目的却面临很多挑战。

互助组成员对修建新房的态度体现了文化价值的嵌入之难。与青田利用传统民居吸引游客、培育村民的文化自信的目标相反，互助组成员更希望自己住上红砖和水泥建的新式住房。一方面当地许多人住的老式房屋年代较久，需要修缮。另一方面，村里家家户户盖新楼，村民们有攀比心理。我曾问互助组组长：“城里人喜欢你们旅馆的老房子，如果大家都盖新房子，城里人不愿意来了怎么办?”组长斩钉截铁地回答道：“没人来，我们也要盖!”于是，在春熙村，游客对传统泥砖房的浓厚兴趣，与村民们对新式住房的迫切需求形成了鲜明而意味深长的对比。

生态价值的嵌入之难体现在大部分村民并不响应青田对生态种植的推广。青田宣传生态种植的砂糖橘和蔬菜具有价格优势，且少用化肥农药能够降低成本并保护生态环境。但是，除极个别村民外，大部分村民担心生态种植会有产量下降的风险。有村民表示：“虽然他们说能卖个好价格，但是到时产量少或者产不出来怎么办？而且价格贵，买的人能有多少呢?”

社区凝聚力的嵌入之难表现得尤为突出。一个简单的例子是村民与互助组之间的张力。青田在城市出售的生态农产品，以及游客到村购买的土特产，往往经由互助组成员从各家村民手中收购。社工们觉得对于这八个受教育程度不太高的妇女来说，他们在这一过程中被“赋权”，并获得了自信。城市的农产品商店的负责人认为：“阿姨们在收菜时做了非常仔细的工作，检查产品的质量，而且没有报酬”。

然而，其他村民则指出她们重点收购自家和亲友家的农产品，“很自私”。即便互助组成立了社区基金，曾用于慰问老人和修缮村中厕所，村民们还是不买账。这种不公平感似乎在贫穷的家庭中更为明显。一个未参与互助组的妇女说：“这八个妇女是村干部秘密选出来的，因为她们和村干部有亲戚关系。”笔者调查，互助组成员确实是青田的工作人员经过走访，根据一系列标准确定的。“是秘密选出来”的指责是这个妇女自己“构建”出来的，用于解释为何自己被排除在旅馆互助组之外。这个妇女患有慢性疾病，几乎没有工作能力。她有三个未成年的女儿，全家都靠她丈夫打零工为生。她的贫困状况可能使她更渴望获得经济利益，对被排除在旅馆互助组和农产品销售之外更加敏感。类似的指责在村民中还有不少，表现了未参加项目的村民的不满。

参与项目的成员之间亦有张力的存在。生产梅精之前，青田的工作人员曾讲明此次为试验性质的生产和销售，因销售渠道有限，计划只有手工农产品制作小组参与，互助组暂不参加。但这种提醒并没有奏效。当互助组听说后，也开始准备自行制作类似产品。手工农产品制作小组的尝试性生产只用了三十多斤原料，产出十瓶左右的成品。而互助组则用了一百多斤原料，制作了近四十瓶成品。由于工艺原因，互助组的成品质量不达标。然而青田不忍心看到互助组成员的辛苦白费，最终答应帮助互助组将产品作为果酱而非水果精华销售。青田对首次生产的风险有预估，因此计划较为谨慎。然而，按照青田工作人员的说法，互助组的成员却存在侥幸和投机心理——不顾计划盲目自行生产，而且产量较大，增加了青田的销售负担，同时给刚成立的手工农产品制作小组带来竞争压力。

(三)“另类性”之难及其原因

引导农民关注经济之外的目标是困难的。青田某社工的工作日志清楚地反映了这一点：

> 将生计作为切入点，我们花费了大量的精力在生产和销售上，但是我们忽略了村民的意识提升。他们(村民)从一开始就把注意力集中在经济利益上，“另类发展”面临主流化的危险。在这种情况下，他们很难理解保护老品种和保护环境的重要性。

工作日志的描述显示了经济目标和社会目标之间的张力。根据调查，

“嵌入”的困境至少可以部分被一个重要的社会再生产机制解释——已经达到相当广度和深度的商品化与市场化。改革开放后，随着中国更深入地卷入到全球化经济进程中，春熙村的生产生活方式也发生了深刻的变化。市场上日益丰富的工业品，以及个人负担的教育、医疗等支出大幅增加了村民对现金的需求。在政府与市场的合力推动下，春熙村开始了农业商品化生产的进程，以实现地方政府设想的“跨越式发展”。春熙村从2000年前后开始种植砂糖橘，并逐渐放弃了水稻的生产。村庄原来自给自足的生产生活方式逐渐瓦解。村民日常需要的大米、蔬菜、肉蛋等必需品大部分需要从市场上购买，这进一步加剧了村民对现金的需求。然而，农产品的价格波动以及不断攀升的农药化肥等生产成本，使得经济作物种植并未收到预想的增收效果。随着种植规模的急剧扩大，每斤砂糖橘的价格从刚开始种植时的五六元钱跌到2007年前后的六七毛钱，农民连续三年连生产成本都无法收回。之后价格虽然回调，也没有超过两元一斤。

村中劳动力的商品化趋势也增加了农户对于现金的大量需求。以前，春熙村有“帮工”的传统。盖房或农忙时需要的劳动力可以通过亲友邻居的帮助获得。受助者不需要提供现金报酬，而是在未来同样提供劳动作为补偿。随着去城市打工的人越来越多，当地劳动力的价格逐渐上升。凡家中有事需要请人帮忙的，均需要出资雇佣劳动。

此外，受消费主义和城市文化的侵扰，村民对必需品的标准逐渐提高。最典型的是当地新房修建面积和装修标准。当地政府对符合条件的困难家庭予以建房补助。2012年的补助标准是4.5万元每户，大概可以修建45平方米左右的新式砖房。但这一标准对大部分农户来说太低了。许多拿到补助的家庭会东拼西凑借钱修建好几层、200平方米左右的房子。村民对房内装修的追求则更明显地体现了消费主义在当地的影响。大部分人家在新房修建后会像城里一样铺上地板，客厅天花板上悬挂着一个吊顶灯。红木沙发在当地百姓中也较为流行。加上一些家电配置，一般地，一个两层楼的新房在2012年前后大概要花费15到20万。

这对村庄的大部分人来说无疑是个天文数字，所以有些农户获得补助指标盖好房后就没有再装修了，更有一些单亲家庭或残疾家庭只是利用补贴指标盖了一间一层的新房——因为实在出不起钱多盖几层。对于没有装修的人家，比如互助组的郑运萍和李燕娟来说，一旦谈到盖好新房的事，她们最后都会感叹一句："唉，但是我们没有钱装修啊。"

新房和装修是村里人的刚性需求。村民们每每在村中围坐在一起谈天说地时，都会羡慕邻近几个村的"整村改造"①和那些村民比他们"先住上楼房"。村民对新式楼房和城市化装修的渴望，与来此的游客对古朴的泥砖房的赞叹形成了鲜明的对比。

除了新式住房，智能手机和上网流量也是春熙村许多年轻村民的刚需。2012 年到 2013 年笔者在调查时，观察到一些青年从初中或技术学校毕业后，依然留在村庄待业。大部分的年轻人有一部智能手机，无聊的日子里整天靠它来打发时间。他们的智能手机并不贵，一两百块就能买到一部，但是据说每个人的电话费每个月要五十元甚至更高，其中的一部分是用于购买数据流量来上网。村中的社工站安装了无线网络，平时社工走家串户经常大门紧锁。而每当大门一开，附近的年轻人便在这里越聚越多，每个人依然低头拨弄着手机——来社工站是为了"蹭网"。互助组成员李燕娟的丈夫在外打工，自己能从互助组每月得到 500 到 700 元的收入。她的两个儿子也在家待业。提起给孩子支付用以消磨无聊时光的上网费用，李燕娟总会摇头叹气。

新式住房及其装修和智能手机，都是现代消费需求的代表，它们把这个古老的村庄包围起来。村庄却因无法充分享受现代化进程中的经济发展机会，而为实现这些需求背负沉重的压力。农业生产商品化瓦解了村庄的自给能力，而消费主义的入侵则"引导"村民追求超过真实需要的消费。上述两方面不断强化着村民对现金的需求，使得村民将经济目标置于首要位置，难以响应社会经济实践对社会目标的追求。在这一宏观背景下，"另

① 整村改造是指当地以行政村为单位对农村的旧房、危房进行集中式的大面积改造。整个村的大部分居民都可以在政府的资金支持下拆除旧房、盖新房。

类商品化”本身所包含的经济维度得到放大，社会维度则作为模糊的背景被村民忽略。传统民居的“文化价值”无法给村民带来“体面”的新式住房，生态种植中的“生态价值”带来的产量和销售不稳定使得已经在市场波动中日趋脆弱化的村民难以承担相应风险，强调“社区凝聚力”则会将有限的经济机会让渡给他人，不能提高自己的收入，最终导致“嵌入的困境”。

另类商品化策略中，“商品化”本来定位于实现“另类性”的手段，目的是通过特定产品和服务的交换价值的实现，在改善农民生计的同时，最终引导消费者和生产者注重产品和服务内含的社会文化和环境价值。然而，在实践中“商品化”却被抬升为目的，“另类性”则沦落为手段。尤其是参与项目的村民似乎对“另类性”感受不深，主要聚焦在如何通过“商品化”获得更多的经济收入上。村民与青田不同的关注点，使得项目组成员和非项目组成员之间，以及项目组成员内产生了一系列可能有悖另类发展初衷的张力，有悖青田最初强调的社区性以及对乡村文化的关注。

青田短期内难以改变这种情况。由于使用完全的“另类”市场策略，项目很难让更多的人参与进来。青田也意识到项目内部的各种张力，并及时做部分调整。继续扩大商品化的范围是一个策略，以让更多的村民享受项目带来的利益。在笔者调查时，青田准备翻新村里的另一栋老房子开餐馆，同时也开始组织村中青年为游客提供导游服务。此外，青田也意识到社会活动的重要性，增加公共电影放映，村宴等活动的组织频率，提升村民的参与感。

三、小　　结

两个案例在对待产品商品化问题的态度上有所不同。X 协会始终警惕商品化可能带来的人的异化，通过拒绝提价、拒绝售卖等方式限制部分产品的商品化程度。这样做既防止人们对于经济利益的过分追求，同时也减少部分农户的潜在收入。X 协会的解决办法是通过分发种子、提供生产服务和社会服务来补偿农户。

青田则采取了另类商品化的策略。一方面青田将村庄内原本非商品的产品或资源商品化。另一方面，这种商品化过程强调对劳动者的尊重，还嵌入了社会目标，如环境保护、城乡互助等。另类商品化策略兼具经济目标和社会目标。然而这种双重目标很难实现。商品化从手段变成了最终目的。农户们更多地关注社会经济实践带来的新的经济机会，弱化了社会目标的实现。“另类商品化”的困境与宏观社会结构有关。在农业生产商品化和消费主义兴起的背景下，社区自给能力下降，农户必须赚取货币收入。社会经济实践者们必须回应农户的这一需求。

尽管克服这一结构性制约存在困难，但X协会的经验说明仍有一些办法可以缓解这一问题。X协会在社区内尝试建设农产品交换系统，减少了部分农户对于现金的需求以及对外部市场的依赖。上述经验有一定的适用范围。X协会的服务地域范围比青田要广得多，涉及43个村庄。区域内可供交换的产品种类更多。而青田只服务春熙村且该村比较小，农户间生产的同质性较强，加之农业生产条件不够好，推动不同农户之间产品交换的可能性也比较小。

两个案例对于劳动商品化的态度也值得推敲。青田特别强调劳动的价值，将劳动者的权益置于利润赚取的目标之上，体现了社会经济的特征。然而，将劳动力价格计算到最终产品价格之中，并且赋予其相当高的权重，不仅遭遇了定价时缺乏工时计算标准的问题，也恰恰是对劳动力商品化这一市场逻辑的重演。尊重劳动价值与重演商品化逻辑同时出现，本身也体现了社会经济在对主流市场的超越与追随中来回摇摆。

相反，X协会则弱化了生态农产品中的劳动价值。X协会在收购有机棉时也曾一度提高收购价，希望能体现农户生态耕作多投入的劳动价值。然而当他们意识到提高收购价会引导人们过分关注经济收益，甚至引发人们互相猜忌的时候，他们终止了这一策略。他们将生态农业的首要目标定位于提高农户自己的生活品质，在产品有剩余时才推向市场。如此一来，在家庭的生产单位内，生态耕种是自给经济和商品经济的混合，且以前者为主。农户因此较少计算自己的劳动价值。这种对于劳动价值的弱化，实际上在挑战“劳动商品化”的道路上走得更远。

第七章　公地与剩余

在本章中，笔者将重点讨论社会经济领域中两个紧密相关的概念：公地和剩余。

公地(commons)，在经济学和公共管理学的研究中也被称作公共池塘资源(common pool resources)，它主要指对公众开放的资源，具有两个特点：(1)非排他性，即任何人在使用这一资源时都无法排除他人的使用。(2)竞争性。资源使用者的增加会导致资源使用拥挤或资源退化。① 在社会经济的话语中，公地还有另一层含义：指公共或集体所有的、能够通过合适的使用和管理为整个社区带来利益的资源，包括社区共有的财产、生产资料、知识等。②

Gibson-Graham 等认为公地可以加强社区成员对于“我们”而非“我”的意识，从而增强社区凝聚力。然而公地也有缺点。Hardin 提出了著名的“公地悲剧”理论，认为公地的使用容易产生搭便车的问题。③ 一方面，消

① OSTROM E, BURGER J, FIELD C B, et al. Revisiting the commons: local lessons, global challenges[J]. Science (American association for the advancement of science), 1999, 284(5412): 278-282.

② GIBSON-GRAHAM J K, CAMERON J, HEALY S. Take back the economy: an ethical guide for transforming our communities[M]. Minneapolis: University of Minnesota Press, 2013: 138.

③ HARDIN G. The tragedy of the commons[J]. Science, 1968, 162(3859): 1243-1248.

耗性的公有资源存在被过度使用的危险。另一方面，作为生产资料的公地，可能存在投入过少和管理不善的问题。

农业生产中，对于作为生产资料的公有土地的管理更棘手。首先是公有土地上的劳动管理问题。与制造业不同，农业生产与最终收获之间存在较大的时间滞后，人们无法在某项工作完成后立即判断工作的质量，因此对农业劳动的监管更加困难。同时，公有土地上的产出并不归于个人，而是由集体共享。劳动者更有动力搭便车，而不是尽全力工作。

剩余是社会经济中另一个重要的概念，并与公地密切相关，涉及如何在社区成员之间分配公地的产出。参考马克思的解释①，Gibson-Graham 等用一种简单的方式解释了这一概念：剩余是人们在经营活动中扣除所有的成本后，所剩下额外的或不需要立即使用的收入（产出）。② 他们认为在西方资本主义经济中，剩余通常流向私人企业主，作为对企业家精神的奖励。然而，这种流向隐藏了以下事实：剩余是由劳动力和地球的生态系统所创造的，这些创造者的贡献却没有体现在分配中。他们认为，资本主导的剩余分配模式导致了经济两极分化，通过占用劳动和环境的价值剥夺了大部分人的幸福。

社会经济强调公平分配剩余。然而，分配也是一种劳动激励机制，对于激发劳动者的工作积极性至关重要。在缩小收入差距和激励整体劳动效率之间取得平衡，是分配机制设计的难题。改革开放前，我国农村集体经济实施的工分制，既是一种劳动管理机制，又是一种分

① Gibson-Graham 在著作《后资本主义政治》中写道："剩余劳动力，正如马克思所定义的那样，是生产者所有的劳动时间中超出用于劳动再生产的时间。"因此，当借鉴劳动时间来说明这一概念时，剩余也可以理解为劳动创造的总价值与维持自身劳动再生产所需的价值之差。

② GIBSON-GRAHAM J K, CAMERON J, HEALY S. Take back the economy: an ethical guide for transforming our communities [M]. Minneapolis: University of Minnesota Press, 2013: 138.

配机制。① 虽然它有助于避免经济分化，但其能否提供足够的劳动激励仍存在疑问。因此，对剩余的分配机制会影响公地的运作成效。

许多学者还强调了“社会剩余”的概念。② 社会剩余是用于非生产性但对社区成员有益的事务上的剩余，可以投入在桥梁、道路等基础设施的修建上，可以支持对弱势群体的照顾，也可以举办社区活动提高社区的凝聚力等。在本章中，笔者将社会剩余简单地定义为“用于提供社区服务的剩余”。

本章将通过考察劳动管理机制来描述公地的经营，通过考察分配机制来描述两个案例对于剩余的处理。本章也会介绍社会剩余支持的社区服务。虽然两个案例都包含了不同形式的公地，但只有土地是两个案例都涉及的公地形式。两个案例都没有在集体经营的土地上建立合适的劳动管理机制。X 协会之后调整方向，着手建立了其他类型的公地，并获得了成功。青田的项目中，互助组共同经营的乡村旅馆运营比较顺利。两个案例都采用了有利于劳动的分配机制，也都将一定比例的剩余用于社区服务中，但社区服务的影响程度却大不相同。

---

① 关于工分制度的详细讨论可以参考 BRAMALL C. Chinese economic development [M]. London, New York: Routledge, 2009. Bramall 在此书第七章(第 240 页)中将工分计算的公式总结为：

“yi = wi. (X-R)/W

式中：yi =第 i 个农民的年收入；

wi =第 i 个农民全年的工分；

X =集体年生产净产值；

R =税收+集体提供社会福利的成本；

W =集体所有参与劳动农民的工分总数，(W =Σwi)。”

他认为“在这个体系下，第 i 个农民的收入取决于该农民挣的工分(wi)乘以每个工分的货币价值，即(X-R)/W”。

② 参见 GIBSON-GRAHAM J K. A postcapitalist politics [M]. Minneapolis, London: University of Minnesota Press, 2006. 和 DEMARTINO G. Realizing class justice [J]. Rethinking marxism, 2003, 15(1): 1-31.

一、X 协会：新型公地和社会剩余的高效使用

（一）集体土地经营和劳动力激励问题

本书在第二章和第四章都提到过千亩生态园。千亩生态园实际上建设了 X 协会历史上最大的公地资源——集体经营的土地。这里，本书将详细描述千亩生态园缘起、发展以及终止的原因。千亩生态园发端于 2006 年。协会的骨干成员参观了河南省以集体经济闻名的南街村，受到极大的振奋。虽然南街村主要发展的是工业，但还是给了协会很多启发。骨干成员们认为，在本地发展农业集体经济，有诸多好处：可以整合土地边界节省更多的土地，也可以统一修建水利设施节省灌溉成本，还可以从农业劳动中释放更多的劳动力到其他行业赚钱。于是大家开始筹划千亩生态园项目。

当时恰逢协会以文娱活动和组织修建村庄道路聚集了大量人气。农户对于协会的认同感很强。因此华山村超过 90%的农户都愿意参与到千亩生态园项目中。最终，807 亩土地以“入股”的形式交由协会共同管理。经过村民代表多次集体商议，千亩生态园规划为水果种植园，兼具采摘、观光等休闲农业的功能。村民推选了 20 名种植能手组成生态园管理委员会。由于是第一次尝试集体经营，在商议后协会最终决定三分之二的土地由管理委员会统一管理，其余三分之一的土地由农户自己照料。协会为所有入股的土地提供技术咨询服务，且所有入股土地上的产出由协会统一销售。由于果树从栽培到第一次收获需要 3 到 4 年，协会规划在果树之间种植谷物和棉花增加前期的收益。

劳动管理问题和搭便车

根据农户与 X 协会签订的合同，入股土地的使用权归由协会。协会下的生态园管理委员会组织入股农户，在三分之二统一管理的地块上劳动。

但并非每户农户都被派到自己的承包地上。劳动管理面临两个问题。一是监管问题。农业劳动不同于工业劳动，无法在劳动完成的当时以劳动成果评估每个劳动者投入的质量和数量。人们很容易放松和懈怠。二是产权问题。对大部分农户来讲，劳动的对象从自家的承包地变成了别人的承包地。这种转换导致了农户劳动积极性不高。农户在土地上的劳动包括除草、施肥、果树移栽、修剪等。这些劳动付出得越多，未来这片土地上的果树收成就可能越好。然而，很多农户担心：如果集体经营出现问题，土地回到农户手里，自己前期的劳动成果就成了"别人的"。

此外，搭便车也是农户的普遍心态，等着享受别人劳动果实的人也不少。一名参与者回忆道：

> 我记得这个村只有几十户没有入股，大家都有土地入股，这都是大家的口粮田。第一年我们干的时候，大家在地里都唱着歌，义务投入劳动，随着后面一些投入，比如采摘棉花的人工投入大的时候，大家就开始慢慢没有那么卖力了。到第二年的时候，大家的想法就变了，觉得不是自己的土地了，自己只是在这里工作。发现有很多小事情，本来是一天可以完成的，有时候几天都干不完，有人偷懒……
>
> 后来就发现管理跟不上了，那时主要是由种庄稼能手来做，每个人管一种作物。可是大家没有想到的是，他们家里还有很多地，他如果兼顾了这里，家里那块就兼顾不到。太耗精力了……①

X 协会的创始人宋菱描述了类似的情况：

> 当我去生态园时，我看到几个人在地里边聊天。你看，他们到了那里却什么也没做。每个人都在等着别人去工作。为什么？因为他们认为这不是他们自己的土地。

① 梁漱溟乡村建设中心. X 协会资料编写(内部资料)[Z]. 2012：38-39.

基于非劳动因素的分配机制

分配机制设计不合理也是农户劳动懈怠的原因之一。对于三分之一留给每户自己管理的土地，土地上的果树未来的产出归协会，由协会按照一定比例与农户分成。此外，农户每年可以获得每亩350元的土地租金，果树间套种的粮食和棉花归农户自己所有。对于三分之二集体管理的土地，每亩土地按一股计算。前三年每股股利是生态园的总利润除以总股份数。这些总利润主要来自套种的棉花。在果树有产出后，预计每股至少可获得1000元的基本红利。

上述生态园的分配机制中，没有任何根据劳动投入来分配的具体规定，比如如何计算劳动投入，每单位的劳动投入如何获得报酬和分红等。尤其是对于三分之二集体管理的土地，X协会只强调了利润的来源为棉花和水果的产出，但并没有让农户明白自己的劳动与他们最后所得之间的关系。X协会甚至还预测了未来每股的最低红利，这无异于向农户发出了一个潜在信号：只要土地入股，就可以得到分红。

集体土地上劳动管理困难，最终导致作物长势不好。农户们看在眼里急在心里。在千亩生态园运行一年以后，农户们要求退股。土地最终归还给了个体农户，千亩生态园以失败告终。

经过千亩生态园的教训，X协会认识到了农户在集体生产中的搭便车心理，以及抗风险能力弱等特点。X协会确立了未来发展的原则：尽量避免直接参与生产环节，而是为农户提供生产服务。生产服务体系，则是X协会打造的新型公地。

(二)新型公地：生产服务体系

如图7.1，X协会的生产服务体系覆盖了农户的产前、产中、产后各个环节，这个体系由多个部门组成，包括青年农场、技术信息服务部、农资店和农产品销售部。青年农场主要负责农业技术在当地的实验，技术信息服务部主要是向农户宣传推广新技术和生态农业。农资店主要提供化肥、农药等生产资料，农户可以出资入股农资店并享有一定的折扣。农产品销售则通过扩大销售规模增加了农户的议价能力。一些部门如农资店和农产品销售可以帮助 X 协会盈利。这些部门的运行替代了原来直接介入的农业生产，成为新的经济发展点。另一些部门如技术信息服务和青年农场则是不盈利的。

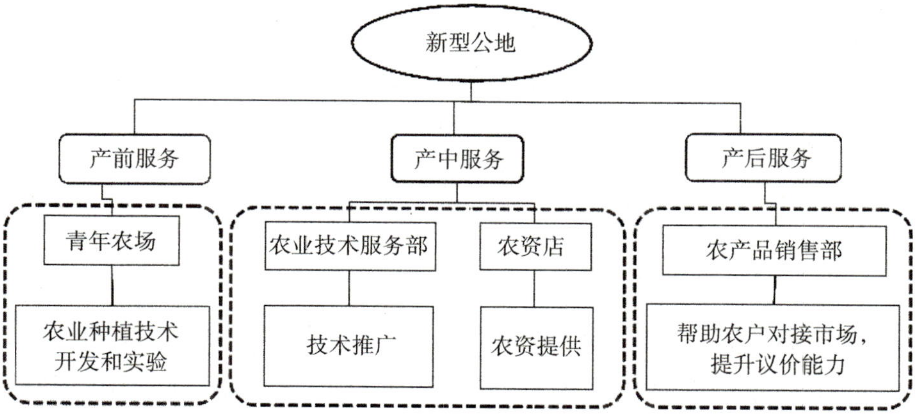

图 7.1　服务体系作为 X 协会新的公地类型

所有可以盈利的生产服务业务，都采取了合作社的模式。最先进行经济合作尝试的是宋菱自有的农资店。第三章提到农民曾因各种原因不愿归还在农资店的赊账款。宋菱想：如果把农资店变成大家的，那么大家是不是就不会拖欠债务了呢？第二年她向周围一些邻居借钱维持农资店运转，年末还钱时给每个人都发放了利息。一些人开始不理解：邻居之间借钱怎么还像银行一样要利息呢？宋菱解释说："这钱放了一年，一年的利润也有你们的一部分，当然应该给。"许多农户听到这话便希望将钱继续放在农资店。原来的借款就变成了变相入股。由于自己也参与年终利润分配，入股的农户不会在农资店拖欠赊账不还了。一般农户在农资店采购可以享受 1%的折扣，而股东则额外有 750 元的赊账额度，并可以参与分红。

随着农资店由私人所有转向合作入股，其他生产服务业务也开始采用

“合作经济”的模式，吸纳更多的农户参与。与此同时，利润分配方式也相应改变。笔者调查时，X协会的收入主要分为三部分：一部分来自农户的生产生活消费合作，主要是农资和其他生活用品的购买。协会专门组建了负责生活消费合作的部门，将统购业务扩展到日常消费品。农户享受物美价廉的产品，协会则可以赚取利润，这些利润中的一部分将作为红利返还给入股农户。① 协会的第二部分利润来自农户的农产品合作销售。农户通过协会出售农产品，如果暂不取出销售款，可以将款项存到个人账户中，并获得年利率3.6%(半年储蓄期限)或7.2%(半年以上储蓄期限)的利息收入。这些留存的款项也为协会的小额信贷提供了部分资金。第三部分利润则来自农户的资金合作，即小额信贷业务。

参与上述三个部分利润分红的农户需要分开入股，最多可以入五股，每股500元。分红根据各个农户的交易量决定。每三年分红一次。投入的股金则能够享受一定的利息。所有业务60%的利润留作分红，20%的利润支持公共服务部门，10%用作X协会的团队激励，剩下的10%则作为风险储备金。

经过多年的尝试，X协会放弃了集中土地直接从事农业生产的策略，而是建立了一个可以产生利润的生产服务体系。以生产服务为主营业务，实际上是在流通环节寻找经济机会，尽可能地规避了生产环节(尤其是农业生产)带来的较大风险。同时，这样一个体系又采取了合作经济的模式。合作经济至少为农户带来了两个好处：一是提升了农户的议价能力，不论是农产品销售，还是农资和其他消费品的购买，农户都可以获得有益于自己的价格；二是农户们也有机会参与到经济利益的分配中，直接提高收入，并增加了参与协会的积极性。合作经济下的生产服务体系产生的盈利继续留在农村社区，没有被外部的金融和产业资本吸走，并且支持了协会不盈利的公共服务部门，在社区内形成了良性循环(图7.2)。总的来看，

① 协会将有需要的农户组织起来共同以较低的价格购买所需要的产品，包括工业品和社区无法提供的农产品。目前，已经团购过数码相机、红枣、牛奶、大米等。

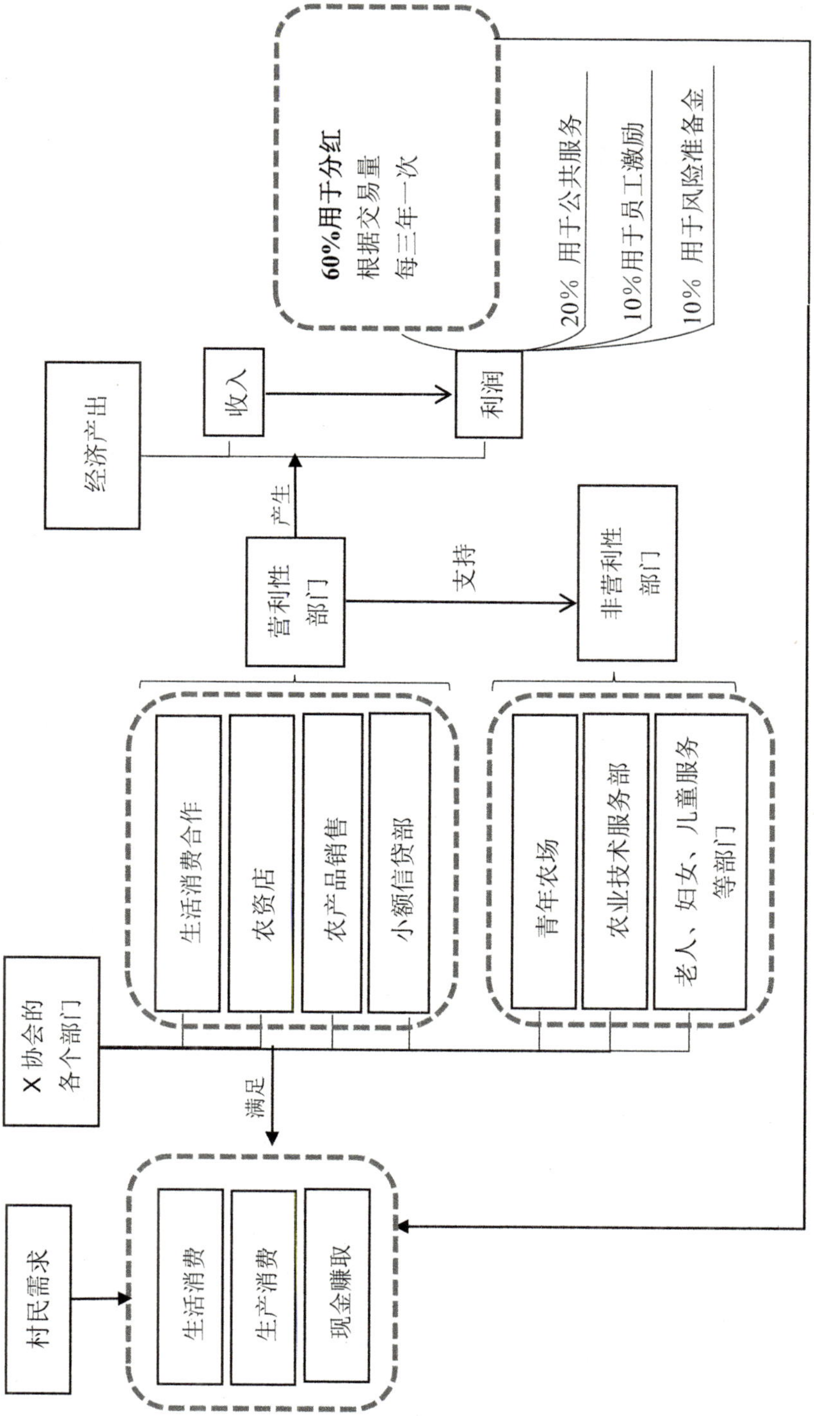

图7.2　X协会的内部经济循环

生产服务体系的不同部分，或是以非盈利方式提供服务，或是将产生的利润返还给农户，具有极强的公共性，可以被称作新型公地。

(三)社会剩余的使用

X 协会用于支持非盈利的社会服务部门的利润，属于社会剩余。笔者调查时，协会的社会服务部门包括老年和妇女服务部、儿童服务部、农耕家园等。表 7.1 列出了这些部门提供的各项社会服务。

表 7.1　X 协会的社会服务部门

部门	服务	内容	具体工作
1. 老人和妇女服务部	老人服务	文娱活动	书法、太极拳、剪纸等活动的组织，健康知识宣讲
		日间照顾	在不同村庄建立多个老人服务中心
	妇女服务	文娱活动	组织广场舞、读书会、健康宣讲等活动
2. 儿童服务部	儿童服务	夏令营	每年举办为期两周的夏令营，提供作业辅导、短途旅游、兴趣班等服务
		推动教育改革	与当地学校合作设计乡土教育课程； 向家长推广儿童照顾和教育的知识
3. 农耕家园	村庄卫生环境改善	垃圾清运	每村设置一个垃圾清理员，并提供相应报酬； 向农户每月收取 2 月的垃圾处理费，并由垃圾清理员按时上门帮助农户清运垃圾
		垃圾分类	向农户宣讲垃圾分类的好处，推动塑料垃圾和厨余垃圾的分类； 回收分类的塑料垃圾，将厨余垃圾用作堆肥
		绿化	在服务的村庄内植树； 帮助部分弱势群体利用小片零碎地块种植蔬菜

续表

部门	服务	内容	具体工作
3. 农耕家园	礼俗风气传承	礼俗教育	鼓励村民遵循传统的婚葬礼仪； 不提倡大操大办
		乐队服务	组建小型军乐队，为村民婚礼等庆祝仪式提供服务
	健康生活倡导	食品安全教育	向村民宣讲食品安全的知识，鼓励消费自己生产的生态农产品，减少农药化肥的使用

社会剩余的使用不仅涉及资源分配，也需要实践者清楚社会服务的目的、理念和具体运作模式。X 协会的社会服务有两个有趣的特点：一是充分利用农村社区自给自足的能力，二是有明确的价值导向。这两个特点提高了社会剩余的使用效率，更加具有社区层面的社会变革意义。

资源动员：利用农村社区的自给能力

社会剩余来源于社会经济自身的造血能力。相对于传统的非营利组织，社会经济组织有着自负盈亏的压力，这就意味着如何将每一分钱都花在刀刃上，以提高社会剩余资金的使用效率十分重要。对此，X 协会的策略是：动员更多的社区资源，在保证服务品质的前提下，充分利用当地农产品可以自给的特点以及当地的人力资源，降低社会服务的支出。

当参访者们发现当地的孩子可以免费参加 X 协会组织的夏令营时，有些惊讶。2013 年暑期，X 协会一共组织了九个夏令营小组，分布在不同的村庄。只要家长愿意轮流为自己孩子所在的小组提供午饭，孩子就可以免费参加夏令营。在 2012 年的夏令营中，X 协会雇了一个全职厨师，每个参加者需要缴纳伙食费。不过伙食费只是象征性收取。协会除了负担人工支出，还要补贴孩子们的伙食。

不过一年之后，X 协会的工作人员发现了另外一种可能性。在这个农业生产条件较好的农村社区里，很多家庭都自产粮食、蔬菜等各种农产品。每天做饭前，当地人都会直接在自家院子里摘取新鲜蔬菜。人们花在饮食上的现金非常有限。X协会的员工们思考：为何不将这样的生活方式融合到社会服务当中？如果家长愿意利用自家的农产品和自己的劳动为夏令营提供饭食，不仅能为自己节约一笔钱，也为协会节省了雇厨师和补贴饭食的成本。这一建议得到了大多数家长的认可。一些比较忙或者家里没有种地的家长则可以选择付钱给其他人，让其他家长代替自己做饭。

图7.3　儿童夏令营舞蹈练习

老人服务中心也采取了类似的运营方法。中心为每个老人每天提供一顿午饭。老人们可以选择两种付费方式：一是每个月缴纳150元钱；二是提供以市场价计算的等值150元钱的粮油。不管哪一种方式，都需要协会进行补贴。但是两种方式并用，老人及其家庭就可以进行灵活选择。特别是第二种方式，既有利于农户节省开支，也节省了协会去采购粮油的时间和成本。老人服务中心也接受周围村民们的农产品捐赠，鼓励村民捐献多余的自种蔬菜或粮油。此外，协会还动员周边的妇女轮流为老人义务做饭。做饭的妇女可以在当天免费享受午餐。在老人服务中心做志愿者，在农闲时期特别受到当地妇女的欢迎。

理念：建设快乐农村社区

经过多年的摸索，X协会清楚地定位了自己社会服务的目标：社会服务不仅仅是满足老人、儿童等群体的具体需求，其最终目的是建立一个快乐和谐的农村社区。实现这一目标的一个重要手段就是改造社区当中的人，使之成为对社区有感情、有担当的主体。

我们再以儿童夏令营为例。X协会没有仅仅关注对孩子们的作业辅导或者是绘画音乐等方面的兴趣培养。夏令营开展的活动还包括爬山、认识当地的各种植物、去老人服务中心向老人学习传统的剪纸艺术，等等。其主要目的是让孩子们熟悉并喜欢自己生活的农村社区。解决孩子暑期无人照顾的问题是夏令营的目标之一，融合乡土教育，并在其中体现农民的主体性则是夏令营的另一个目标。曾经做过小学教师的宋菱，在2012年夏令营结束时对各位家长讲述了下面一段话：

> 许多家长主要关注孩子们的学习成绩，却忽视了每个孩子都有自己的优势，更没有考虑过他们到底想把孩子培养成什么样的人。孩子只有在发挥他们天性的情况下才能够发展潜能和培养创造力。我们教孩子们爬树，去认识不同的庄稼，因为我们希望他们可以对农村有感情。农村教育事业应当培养一批在未来愿意发展农村的人。我不是说每个人都应该留在农村，但是我们应当有人热爱我们自己的家乡。我们所做的就是在表现我们家乡美丽的一面，让孩子们长大后可以做出自己的选择。

这些令人印象深刻的话，表现了X协会的社会服务与整个组织的理念一致性。社会服务有明确的价值导向和主体性塑造的目的。除了儿童夏令营，X协会也把这样的理念运用到其他服务上。在协会每周一次的华山村垃圾清理活动中，协会的工作人员都会借机和村民聊天，宣传“社区卫生，人人有责”。针对一些铺张浪费、大操大办红白喜事的现象，协会成立军乐队免费为村民服务，并倡议简朴婚礼和葬礼。

这些关于社会服务的故事不仅体现了 X 协会对农户需求的满足，也体现了 X 协会在形塑一种价值观——一种独立于城市文化、对农村生活树立信心的价值观。这种对主流文化的挑战也呼应了第六章讲述的故事——X 协会限制商品化的策略。限制商品化，是经济发展方面对于市场逻辑的挑战；社会服务的价值导向，则是对于城市文化消解农民自信的防守。X 协会通过发展出不同于市场化和城市化的话语体系，使社会服务与经济发展在意识形态上趋同，奠定了其社会经济实践的基本理念。

二、青田：模糊分工、平均分配与社会剩余

（一）两种公地和模糊分工

两种公地

乡村旅馆和共同耕种的公田是互助组的主要公地形式。最先出现的公地是乡村旅馆。2009 年，青田利用项目资金将 12 间泥砖房民居改造成乡村旅馆，并承担 2010—2012 年三年的房租费用。依照每间每年 300 元、共 12 间房计算，每年房租一共 3600 元。旅馆建成后，由互助组运营。从这个意义上说，乡村旅馆的公地性质来源于青田的前期投入，和青田对合作经济的坚持。2013 年时因青田的项目期满，且乡村旅馆已经打开一定的市场并有稳定的盈利，互助组决定由每个成员平摊房租费，开始独立运营。

在乡村旅馆运行一段时间后，互助组向其他村民租了大约两亩地共同耕种；其中有 1 亩左右的稻田和 1 亩多的蔬菜田。租地的原因有两个。一是为了方便游客体验体验插秧、收割等劳动。起初互助组成员带游客到附近村民的地里体验农耕。但由于技术不熟练，游客经常帮倒忙，影响田里作物的生长。即使支付一定费用，村民们也不希望开放自己的田地给游客。二是为了解决销售额分配不均的问题。通常，互助组的成员可以将自

家的农产品作为原材料销售给旅馆，但组员常为了谁家卖多卖少而争论。公田的产出可以算作整个互助组的，收益平均分配给 8 个成员。

下面笔者将考察互助组如何使用上述公地以及如何分配由公地获得的利益，这将构成对互助组最为重要的分工和分配机制。

模糊分工、劳动监督与劳动积极性

在旅馆的管理事务上，如记账、采购、维修设施等方面，互助组成员是有分工的，且不同的管理任务在八个成员之间定期轮换。在旅馆的服务性工作上，如收拾房间和做饭等，八个组员就没有明确分工了，或者说采取“模糊分工”的方式，即“谁看到手边有什么要紧的事就上去做”。下面是田野笔记中关于互助组成员在餐饮服务中分工的三段文字：

田野调查笔记摘录 3(2013/04/29)：

今天来了荣心学校的学生和家长，把旅馆住满了。阿姨们(指互助组成员)忙着做晚饭。

我跟着她们吃了晚饭后，帮她们洗碗。小组一共八个阿姨，但是今天只来了七个，还有一个据说家里有事没来。阿姨们好像没有特别的分工。没有任何人指挥，每个人都自动地去做某一个环节，大家配合非常默契。这样的分工像是自然天成。三个阿姨围着铁锅用洗洁精水洗碗，一个阿姨对着水管清洗第二道以除去洗洁精。另外三个阿姨在大厅收拾碗筷。收拾完后，这三个阿姨有的在后厨收捡，有的将碗筷擦干放入消毒柜。组长杨春英最早离开，我开始怀疑她是否因为是组长，所以可以早点收工。后来想到有一个客人来了，她大概是去给客人安排房间了。

另一点比较奇怪的是，在洗碗任务接近尾声的时候，宝凤和翠芬姨都坐下休息了，只有我和红丽姨还在洗。再后来只有红丽姨一个人清洗剩下不多的碗筷了。但是这个时候并没有人主动帮她。碗筷洗完后，她将锅里的洗碗水一瓢一瓢地舀出来，倒在厨房外排水沟里，锅非常大，不能搬动，因此只能一次一次地舀水。之后还要再倒入清水清洗一遍，再把锅里的水一次一次舀出。这个过程看似有些繁琐，需要几分钟的时间完成，但是旁边的阿姨都坐着或者来回走，没有主动帮助她。

田野调查笔记摘录4(2013/04/30)：

早饭后，两个阿姨用洗洁精水洗碗，一个负责清去洗洁精。另外两个收拾碗筷。还有两个阿姨在用石磨磨豆浆。这次洗碗的阿姨和上次不一样。清去洗洁精的阿姨也不同。

田野调查笔记摘录5(2013/05/11)：

洗碗过后，大家都过去旅馆那边，三人洗被单(易红丽、李香秀、周晓丽)，一人晾晒(易宝凤)，一人用洗衣机甩干(郑运萍)，李翠芬后来也加入晾晒行列。20分钟后，两人洗衣服，一人砍竹子回来做衣杆，两人晾晒，一人甩干，一人收拾水壶打扫卫生，一人收被单。

从上面的几段文字可以看出，无论是餐饮服务还是住宿服务，互助组都没有明确具体的分工，往往是看到哪个环节缺人了，就会有人上去承担。

之所以有这样"模糊分工"的安排是因为互助组不好处理"将高强度的工作分配给谁"的问题。根据组长杨春英的说法，旅馆运营过程中的所有劳动都没有超出大家的承受范围。按照多劳多得的原则，负责较高强度劳动的人最终得到的收入较多，其他成员就会觉得不公平。如果分工固定，但是不按照多劳多得的原则分配，从事高强度劳动的人又会觉得不公平。因此，模糊分工就有其合理性：虽然每个人每次做的事情不同，但从长期来看，大家的平均劳动强度大体上相似。成员不会为了计算更公平的分工方式而引发内部矛盾，有助于保持互助组内的团结。同时，模糊的分工也高度依赖于相互监督。它不适合规模较大的生产组织，因为相互监督比较困难，任务也比较复杂；但是适合小规模的互助组。

然而，模糊分工并非毫无张力，实践中往往需要成员有高度的默契。从笔记摘录3可以看到，当最后只剩一个人在洗碗，其他人坐在一边没有帮忙。有时各成员对需要做什么看法不一，也会相互抱怨。比如成员李翠芬说："我曾告诉她们要打扫房间，清理垃圾。但是没有人听我的。我就只好自己去打扫。可是这样一来，她们又说我没有和她们一起洗床单。"

互助组在租用的土地上进行的农业劳动也没有分工。与X协会千亩生态园的经验相似，问题依然出现在劳动激励和劳动监督上。蔬菜田上表现得尤为突出。蔬菜是劳动密集型作物，加上旅馆对外宣传食材是生态绿色的，青田要求种植过程中不能使用农药和化肥，除草、防虫只能依靠人力，使得蔬菜地块对劳动投入的需求更高。生态农耕方式，加上难以有效的监督劳动，导致蔬菜的产量非常低。公平贸易商店负责人吕思描述："那块地几乎被放弃了。"

水稻种植对劳动的需求比蔬菜种植少，稻田的情况比蔬菜田好一些，但从中仍然可以窥见劳动积极性的问题。笔者第一次去春熙村正值插秧季节。互助组的公田是村里最晚插秧的地块。所有成员先将自家田里的秧苗插完后，才开始准备公田的插秧。插秧的那一天，互助组成员到达的时间不一。有成员采用了"抛秧"，即将秧苗抛向空中，由其自由掉落在水田中生长的办法。抛秧比一般的插秧要轻松一点，因为可以一次抛许多秧苗，且不用长时间弯腰。虽然这种技术在一些地区常用，但是对土壤有一定要求，且往往需要与其他栽培技术配合使用。春熙村的大部分人家并没有采用这种技术，而是采用更传统也更可靠的插秧。因为抛秧让秧苗扎在土壤中的部分没有那么深，生长过程中产生倒伏的可能性更大。个别成员的抛秧说明成员间的劳动投入程度是不同的，而其他成员并没有对这个做法提出异议。

抛秧成员的行为再次反映了人们在公地上的投入水平和劳动强度的不同。虽然互助组规模很小，互相监管并不困难，但是没有人提出反对意见。"不得罪人"的传统意识是一个原因。每个成员都会想，为什么是我而

图 7.4　互助组成员在公田里插秧

不是其他人来提醒她。与 Gibson-Graham 希冀公地打造“我们而非我”的意识相反，现实中的社会经济参与者存在着“如果是我们的，那就不是我自己的”的想法。当最终的产出是由所有成员分享的时候，个人懈怠可能对每个成员的最终收益的影响非常小。于是沉默成为一种集体选择。

(二)平均分配

剩余的总体分配机制

互助小组在每批客人离开后都会进行账目核算，核算时列出以下七个项目：总收入、成本、纯收入、分红、维修金、青田基金和社区公益金。其中纯收入按照分红(互助组成员劳动收益)、维修金、青田基金和社区公益金四项来分配。维修金是互助组的集体积累，用于每年的房租、公田地租和家具更换等支出。青田在与互助组成员协商的基础上，将乡村旅馆的部分盈利投入到青田基金中，用来资助青田其他的项目。社区公益金是用以改善春熙村内社区设施或弱势群体生活的基金。社区公益金和青田基金均用于社会服务，符合 Gibson-Graham 所说的将部分剩余分配给社会的社会经济原则。

乡村旅馆的服务有两方面：一是餐饮服务，二是住宿服务。经青田与互助组员商议，两个服务的纯收入分配比例如下：餐饮服务纯收入的 70%用于组员分红，20%放入互助组维修基金，10%放入社区公益金；住宿服务纯收入的 65%用于组员分红，15%放入青田基金，剩下的 20%有 2/3 放入互助组维修基金，1/3 放入社区公益金。

劳务分红：平均分配

互助组在每批游客离开后核算当次账目。劳务分红按照平均分配的原则，成员个人只要参与了对这一批游客的服务，就能够参与分配。缺席则不能参与当次分配。

在梅精制作过程中，组员周晓丽因为家中有事，第一天没有参与。从第二天开始，周晓丽虽然有时间，但仍然没有去，也不参与分配梅精产生的纯收入。因为除第一天以外，后边工作的劳动强度都较小，如果按照小组平均分配的原则，对她的分红同其他人一样，就不公平了。如果在日常的旅馆服务中请假，小组也有不成文的规定：将每次总分红折算成每人每天的劳动价值，再乘以请假的天数，即是扣除请假成员该次分红的部分。这一部分将被分给其他参与该次劳动的人。互助组组长杨春英举了一个例子：

> 比如有一次平均每人分 100 元，我们一共工作两天。有个人请假半天，按照分红折算，每半天 25 元。就扣这个人 25 元，扣的这部分再分配给其余的七个人。这些都是我们自己定的……这些规矩也是在不断的磨合中慢慢定下来的。

在调查的过程中，笔者曾以为野菜的劳务成本核算最复杂。野菜生长于山间岩石缝中或者溪边，平时不需要劳动投入，完全依靠自然环境长成。互助组只在需要时采摘便可。但是每次采摘的野菜有好几个品种，每个品种的重量并不相同，采摘的人员也不同。如何核算野菜采摘的劳务成本呢？据杨春英介绍，野菜计算入成本中。这些成本账面上虽然不进入劳务分红，但实质上全部由互助组成员的劳务成本构成。因此，在组员采完野菜后，互助组会立刻按照市场价折算成现金给组员。

田野调查笔记摘录 7(2013/05/11)：

杨春英：野菜的价格按每斤四元计算……因为市场上大概也是这个价格。如果都是一个人摘的就全部给一个人；如果是大家一起采的，就称好斤数，平均分给去采摘的人。

笔者：那么如果两个人采蕨菜，六个人采野茼蒿，然后茼蒿的量比较多，最后分钱的时候怎么办呢？

杨春英：是(将蕨菜和茼蒿放在)一起的，我们没有把野菜分类算价格，都当做四块钱一斤。因为有时候有些野菜本身就不好找。基本上每次就是有空去的人就去，没有去的人如果做小组的事也可以一起分，如果做自己家里的事这部分就不分了。谁去谁不去也没有什么意见，因为不去的人要做自己家里的活儿。

平均分配是互助组的绝对原则。餐饮服务的多余饭食也会被平均分给参与当次劳动的成员。平均分配与模糊分工相匹配，因为无法度量每个人劳动的质和量，也就无法完全做到“按劳分配”。模糊分工已经假定了在长期内每个人的平均劳动量相似，这样，采取平均分配是这个合作经济体最理想的选择。而对请假扣除分红的规定和对野菜成本的核算细化了平均分配的制度，这也成为互助组得以一直顺利运转的原因。

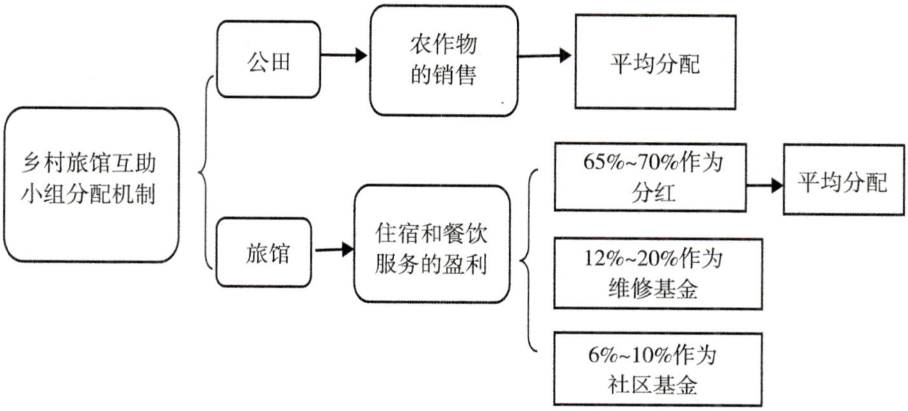

图 7.6　青田春熙村项目的分配机制

但是平均分配会偶尔影响到运行的效率，导致无法合理地配置劳动力。比如制作梅精要求组员要连续两天不间断地熬煮果汁并搅拌以防止粘锅，因此需要有人守夜。当晚，参与这次劳动的 7 个成员一起整夜值班，而不是轮流值班。互助组成员解释，每一班的时间对于体力消耗是不同的，靠近白天和凌晨的时段比较好一些，深夜的一班则需要早起去加班再回去睡觉，人也难熬一些。因为最后大家的报酬是相同的，谁也不好安排别人去值这一班，于是只好 7 个人一起守夜。

旅馆平时客人少，存在劳动力剩余；而节假日客人多时，人手又不够。一次，一群学生来春熙村参访，互助组要负责 70 多人的饭食，工作量很大。互助组成员一再叫我帮忙，却没有叫自己的家里人来。我对此感到奇怪。当时部分成员的子女在家，没有上学或者工作。为什么不叫他们却要叫我一个外人来呢？组员易红丽给了我答案：“你想想，我们八个人，叫了这家的孩子，不给工钱不好。给了，其他人家的孩子没叫又不公平。”

易红丽的话说明了互助组对平均分配的坚持。平均分配只能在成员中进行，任何成员的家人难以参与其中。这个考虑与模糊分工的逻辑一致，依然是将组员的主观公平感作为首要考虑因素。这种情况下，互助组员只能依靠自己和类似笔者这样的“外人”来完成工作。另一方面，平均分配限制了繁忙时期劳动力数量的灵活性，是一种以牺牲部分效率换取团结的分配方式。

(三)影响有限的社会剩余

青田在互助组成立之初就设立了社区公益金，期待用社区公益金建立与其他村民的联系，并帮助村民形成一种社区归属感。

根据青田 2011 年到 2012 年的年报，从 2011 年 5 月至 2012 年 4 月共 11 个月，互助小组共实现总收入 128436.6 元。这还不是纯收入。如果按照纯收入 10%的比例计算，社区公益金在当时积累不到 1 万元。根据互助组成员和青田社工的介绍，公益金主要被用于修建冲水厕所以及探望村中老人。

青田利用社区公益金修建了两个小型冲水厕所，一个在旅馆外面，另一个在村中祠堂旁。厕所一方面方便了村民，另一方面也可以供来访的游客使用。这两个厕所平时全部开放。互助组成员每周轮流打扫厕所的卫生。社区公益金向她们支付少量的劳务费。村中有 2/3 的人住在老式的土砖房里，这种房子本身面积不大，有的家庭几代人住在一个院子里，往往没有水冲式厕所。村中本来有一个公共厕所，也供村民使用，但离有些村民家较远。新修建的公厕对外开放为更多的村民带来了方便，受到村民们的称赞。

社区公益金还被用来为村中老人购买传统节日的礼物。不少老人都受到过互助组送来的月饼、糖果和饼干。然而，给老人送礼并不像修建厕所那样受到村民的好评。一些老人很高兴过节有人关心他们。即使礼品并不贵重，他们也非常感谢互助组成员。但是有些老人却好像并不买账。有趣的是，还有一些老人将互助组的礼物与当地对口扶贫单位赠送的化肥相比较，认为这些小礼物对他们的生活没有真正的帮助。

送礼物的积极影响也被互助组经济维度上的群体个人主义所抵消。有老人提到互助组在收菜时只收他们自家或亲戚的，而没有收自己的。有抱怨的老人多来自当地的“双低户”①，更需要实质性帮助。因此，他们更介意自己被排除在项目的经济利益之外。

由于经济规模小，社会剩余在规模和影响上都是有限的。村民对社区公益金的感受并不深，甚至不少人并不了解社区公益金的存在，以为厕所是青田直接出资修建的。此外，村民对于厕所的修建评价更高。这与社会剩余的使用方式有关。在旅馆建成之前，青田曾直接将项目资金用于村庄的基础设施改造，包括祠堂重建、道路和桥梁的修复等，得到了村民们的高度认可。并且村民们被动员起来捐款。基础设施的改造过程中，青田雇用了部分村民并支付工资。更多的村民参与进来。修建厕所也有少数村民参与。村民们便将修建厕所与之前的基础设施改造联系起来，认为自己在其中有参与度，因此对于修建厕所的评价比较高。可以看出，如果将社会剩余与群众动员结合起来，让更多的人有参与感和获得感，能够在一定程度上弥补乡村旅馆受益人群有限的瑕疵。

三、小　　结

X 协会和青田项目的互助组都打造了公地。X 协会从千亩生态园失败的教训中调整战略，建立生产服务体系作为新的公地。协会不直接参与农业生产，而是为分散的农户提供生产和生活服务。这一策略既分散了运营风险，也回避了在集体经营土地上的劳动管理问题。

青田的案例中，互助组在集体土地经营上也不是很成功，但在旅馆运营上比较顺利。因为种植规模小，管理不善的集体土地其负面影响也较小。对于旅馆运营来说，模糊分工和平均分配是配套机制。这两个机制从“人情”出发，兼顾公平，避免了互助组成员因分工和分配问题处理不善而彼此“伤感情”，有助于保持互助组内部的团结。但模糊分工和平均分配也

① 指经济状况符合当地最低生活保障标准或低收入标准的家庭。

可能损失部分效率，比如互助组成员牺牲效率换取组内的凝聚力，大家碍于面子对劳动懈怠的现象保持沉默。模糊分工和平均分配对于 8 个成员的小规模团队来说有其合理性。但如互助组规模变大，这种分工和分配机制内在的张力可能会更明显。

建设公地，不仅有利于实现规模经济并防止经济分化，也可以帮助人们产生“我们而非我”的理念。然而，不论是 X 协会还是青田，在集体经营土地的业务上，都遭遇了困境——参与者出现了“土地是我们的，就不是我的”想法。

一些结构性的制度安排作为“社会再生产机制”，是造成这一困境的隐蔽因素。改革开放初期，“分田到户”被公认为是提高农户劳动积极性的重要举措。两个案例中的村庄如同中国千千万万个其他村庄一样，在 20 世纪 80 年代完成了分田到户的改革。农户单独经营、各自为政的生产模式已经维持了将近三十年，很难再适应集体土地上的合作劳动。

首先，两个案例中的集体土地被包围在一块块已经分配给个体农户并且由个体农户负责管理的土地中。在个人都拥有自己的土地时，要求个人先顾及集体土地后顾及自家土地非常困难。其次，当年集体经济采用的“工分”或“互评互议”的劳动度量和劳动评价机制已经消失，X 协会和青田的互助小组都没有可靠的度量和评价劳动的标准，无法进行明确分工和按劳分配，也就无法在顾及互助组成员主观公平感的同时，提供适当的激励。

解决以土地为主要形式的公地运营困境，未来的实践或许可以参考 X 协会调整后的策略：减少以土地为劳动对象的合作劳动，增加服务性的合作劳动比重，以降低农业生产中劳动监督困难对土地产出的影响。此外，改革开放前农村集体经济时期的某些机制比如工分制、集体评议等，也可能作为社会经济实践中公地运营的借鉴。

两个案例都选择了有利于小生产者和有利于劳动要素的分配机制，符合社会经济“将劳动置于资本之前”的原则。两个案例的区别在于社会剩余的使用方式和影响力。X 协会盈利能力较强，用以支持社会服务部门的资金更多；并且能够在提供社会服务时充分动员社区资源，融入主体性的培育。青田的项目设置了社区公益金，但规模较小，影响有限。此外，在社区公益金提供的社会服务中，其他村民的参与较少，进一步影响了村民对于社区公益金的感受。

第八章　赋权：新主体的塑造

社会经济看重对参与者的赋权。赋权不仅是为了提高人们的能力以谋求更好的生活，也帮助人们反思社会结构中需要改善的部分。经由能力和意识的双重提升，赋权塑造了新的主体作为社会经济的参与者。

作为一种替代性发展模式，社会经济可能会遇到诸多障碍。社会再生产机制有很多方法将人们困在旧的思维方式中，去消解人们实现社会良性变革的决心。这种影响对于社会经济实践者是实实在在的：在一个看重个人利益的世界里，如何促进人们以集体意识维护合作经营？如何说服人们相信金钱之外还有其他因素，如生态系统，传统文化和对他人的关心，对幸福生活也有重要影响？上述问题的解决需要对社会经济的参与者实现更高层次的赋权——意识提升。

本章将从两个层面描述 X 协会和青田通过赋权塑造社会经济参与主体的方式。一是考察他们如何培养社会经济参与者处理日常事务的能力。二是借鉴 Friere 的教育学理论，描述他们提升参与者意识的途径。两个案例在意识提升活动的频率和方法上存在差异，而社会经济实践者的来源是造成这一差异的重要原因。

一、X 协会：能力和意识的双重赋权

(一) 双重身份的组织者

X 协会作为内生性的农民组织，其员工大部分是当地居民。这些员工

是社会经济的组织者，他们自己和家人也是社会经济的参与者。正是因为这样的双重身份，员工是社会经济实践的重要主体。X 协会在招收工作人员上有着严格的标准。X 协会的赋权工作也主要聚焦在员工身上。

宋菱提到她认为入选协会团队需要有至少三个标准：一是热爱农村工作，真正能够愿意在农村扎下根基；二是有积极向上的学习态度和吃苦精神，抗得住各种工作压力；三是面对外界的不同舆论能够顶得住压力，不怕冷嘲热讽。

协会工作时间比较长、年纪稍大的骨干们大多数是最初文娱活动的积极分子。在 2011 年以前他们都是兼职，没有工资。2011 年之后，协会逐渐有稳定的盈利，于是开始向员工们发放工资。初期的工资平均水平为每人每月 800 元。2013 年开始，由于协会的业务量越来越大，特别是资金互助业务盈利较多，员工的月工资逐渐提高到 1000 元到 3000 元不等。

X 协会之前从附近的农校招收了两批大专生。但是，多数人在工作一到两年后都选择离开。协会认为好不容易培养出来的年轻人走掉很可惜。之后，X 协会开始反思大专生流失率高的原因：一是很多人是外地甚至是外省人，在当地有诸多不适应；二是不少人从农村老家到城市念书，现在又回到农村工作，待遇和工作环境和他们的期待有差距。反观当年的妇女骨干为何能在没有工资的情况下，继续留在协会？她们大部分是本地人，自家有土地或者有其他的生计。协会的工资对于她们来说只是一个补充。她们在协会工作之余也可以适当照顾家里。

从 2013 年起，X 协会开始重点招收本乡本土的年轻人。一是通过老员工的社会网络吸纳当地回乡青年，二是在与农户交流时发现合适的人员并主动吸纳。本土的年轻人相较于外地大专生更容易留得住。他们对家乡有感情。在城里工作生活压力较大，协会可以在家门口为他们提供工作机会和工资。

2013 年笔者调查时，X 协会一共有 56 个全职工作人员。他们将 X 协会称作“X 社区”，将自己称作“社区辅导员”。辅导员的主要工作职责是对农户进行综合服务。辅导员分散在 X 协会不同的部门，除了承担各部门相关工作外，每人负责 50 到 200 户农户不等。X 协会要求每个辅导员为服务的农户建档，搜集包括家庭成员、经济状况、农作物种植状况等在内的各项基本信息。辅导员还要了解农户在农产品销售、农业技术培训、社会服务等方面的需求，并为农户设计服务方案。X 协会编写了社区辅导员手册。表 8.1 展示了手册中规定的辅导员部分日常服务任务。

表 8.1　X 协会社区辅导员日常服务任务(摘录)

服务类别	服务内容
生计发展	引导农户通过厨余堆肥、生态种植、深翻、秸秆还田等方式，对自家一到五亩的土地进行改造，提高土壤质量； 帮助农户通过协会的统销渠道销售农产品； 推动农户自家种菜自家吃，减少食品开支，保障食品安全
生活环境改善	帮助农户建立合理的用车习惯，宣传在居住区内减少汽车喇叭的使用，并减速行驶； 引导农户在每家门口种两棵树
社会服务	邀请有需求的农户，使用老人、妇女和儿童服务
信息搜集	每季度对负责农户入户访谈一次，并根据访谈信息调整对农户的服务计划； 定期搜集农户作物种植的数据，提供农业技术服务

辅导员的日常工作以入户为主。大量的入户走访，让他们与农户建立起信任关系，通过影响农户的理念和行为来建设社区。除了表 8.1 中的任务之外，辅导员的日常工作还包括帮助农户进行科学地田间管理、销售农产品等。由表 8.1 也可以看出，甚至引导农户的日常行为也被纳入辅导员的工作范围，比如教育农户少在居住区域使用汽车喇叭等。如此广泛的工作内容对辅导员的能力和价值观提出了双重要求——既要能踏实做事，又

要认同协会的理念，并且愿意将这些理念推广给农户。由于大部分的辅导员是本地的农民，并没有社区工作的经验，因此不断提高员工能力、更新员工的理念成为 X 协会的一项重要任务，也构成了对员工的赋权过程。

图 8.1　X 协会社区辅导员入户调查

图 8.2　X 协会社区辅导员记录农户的棉花生长数据

(二)“有事可做”

在X协会办公室的照片墙上，一个员工在自己的照片下面写上了这样一句话：“有事可做，有人可爱，心有希望。”笔者认为这是对X协会的员工尤其是女性员工的赋权过程的最佳写照。

提供一个平台，让员工们发挥自己的才能，是X协会赋权员工的关键所在。在农村社区，存在这样一个平台更尤为可贵。在协会创办初期，承担组织任务的大多是当地妇女。宋菱曾这样评价农村妇女：

> 人们总是看到农村妇女和婆婆关系不好，或者老是三五成群地说别人闲话。其实，这不是因为她们自己素质不高，而是因为她们没事情做去发挥自己的价值。在长年累月的家庭琐事中，她们更多的是无奈和无聊。这种状态把人给限制了。有事情做发挥自己的价值，这是人的内在需要。也是很多人后来留在协会的原因。哪怕协会开始没有工资。

多数妇女骨干的经历都体现了宋菱这段话的核心观点。有事可做，是个人自我实现的重要途径，也是她们坚持在X协会工作的重要动力。她们最开始参加文娱活动，后来组织经济合作，现在多是协会的部门负责人。她们获得赋权并成长为社会经济参与主体的表现有两点：一是从协会获得了集体归属感，二是个人能力得到成长。

王素清的家在华山村附近的另一个村庄。2014年笔者访谈她时，她47岁。2007年，听说X协会的手工艺合作社招人，她就报了名，每天在手工艺合作社和其他妇女一起缝制棉被、布包。她曾经外出务工，做过裁缝。在访谈中，她用一段有趣的语言描述了自己当时对手工艺工作的热情：

> 那时，我丈夫不喜欢我去手工艺合作社，因为这样他自己就得在家多做家务和农活儿。为了不让他生气，我跟他说你放心，今天我去

地里干活儿。可是我拿着锄头去到地里之后，我还是想要去手工艺合作社做。我就把锄头埋到土里，偷偷跑去合作社那边。

谈到为何手工艺合作社如此吸引她，王素清强调了“集体的力量”。她觉得这种力量有一种可以让自己的潜能发挥到极致的魔力。她讲到一次她和其他的姐妹们为了赶一批订单在合作社待了三天三夜：

跟其他人一起工作和自己一个人工作实在太不一样了，因为我们大家伙可以一起苦中作乐。晚上的时候，我们买了馒头，饿的时候就蘸着辣椒油啃。我们一边工作一边聊天，说说自己家里的事，自己怎么跟丈夫和孩子相处。有时一些人会讲个笑话或者我们一起唱一首歌。这样没人觉得困啊累啊，反而都精神了。

个人能力的提升还与通过劳动获得的成就感有关。王素清说道，有一次下了大雪，她和其他同事为一些兼职做工的妇女送原料到家：

那时雪下了很多天，让她们来取材料不方便，我们就想自己给送过去。我记得我当时一天走了好几个村庄，回到家已经晚上七点。那时路上一个人都没有了，我还不能骑车只能走路。可是当我去到每户人家那里，把东西给到她们时，她们会主动给我倒上热水，请我吃蒸红薯。她们说谢谢你背着这么重的东西走了这么远，帮我们挣钱。

在 X 协会，类似的故事很多，表 8.2 展示了四个妇女骨干进入协会的个人成长经历。这些妇女骨干在进入 X 协会之前，有的种地，有的养鱼，有的做裁缝，还有做商业保险经纪人的。进入 X 协会后，自己的才华得到进一步发挥。更重要的是，通过与集体的联结和对他人的帮助，她们找到一种超越个体成功的成就感。这时，一扇通向更大世界的门便被打开。她们便能够增加信心，并在不断磨砺中提升能力。

表 8.2 X 协会四名妇女骨干成员的个人成长经历

化名(年龄)/原有职业身份	进入协会的时间/大致过程	个人成长关键节点 1	个人成长关键节点 2	笔者调查时职业状态
李红琳(46) 农民，种植芦笋	2001：参加农业技术培训和妇女文娱活动	2003：华山村集体修路时担任村组联系人，动员村民投工投资	2006：被选举为华山村村委会副主任，工作两年后自愿退出村委会，继续专心协会的工作	生态农业技术推广部门负责人，动员农户生态种植，并推广生态农业技术
孙梅红(52) 农民，兼职做保险经纪人	2008：参加妇女文娱活动	2009：妇女文娱活动的骨干成员，组织不同村庄的妇女开展活动	2010：进入农资店，自学农业技术，并向农户解释说明	农资店负责人，兼任消费合作部门负责人
黄秀娥(51) 农民，养鱼兼做裁缝生意	2004：参加农业技术培训和妇女文娱活动	2006：进入农资店，自学农业技术，承担向农户收回赊销账款的工作	2009：从协会进入帕图公司，参与小额信贷业务，负责收集农户的信息和贷款发放，之后放弃帕图的高额薪资回到协会	小额信贷部门负责人之一，负责风险管理，贷款审批和发放
王素清(47) 农民，兼做裁缝生意，有外出打工经历，曾开办裁缝培训班	2007：进入手工艺合作社，从事生产和生产组织工作	2009：手工艺合作社的骨干成员，负责当地传统织布、剪裁等手工艺方法的收集，筹备老人服务中心	2011：成为农耕家园的负责人，负责员工食堂运转、各村垃圾清运的协调	继续负责农耕家园以外，开始协助组织农户的消费合作

注：1. 除了李红琳是华山村(X 协会的发源村)村民以外，其他成员均来自华山村周边的村庄。

2. 括号内的年龄是 2014 年的年龄。

（三）“与世界对话”

对 X 协会来说，只提升员工的个人能力显然不够。X 协会的太多策略和理念与众不同。限制商品化的策略，让很多员工在最初难以理解。第六章提到的手工艺合作社拒绝订单，对于合作社的骨干成员来说，无异于放弃赚钱的机会。让员工们理解这一点，需要帮助他们认识到对利润的追逐可能造成的负面影响，反思主流发展模式的缺点。这种意识提升，是通过各种教育形式来促成员工与世界的“对话”而达到的。

X 协会对接受外部知识持非常开放的态度。从创办开始，X 协会就吸引了不少研究者和实践者的关注。他们过来参访时，经常与协会的骨干成员展开讨论。随着 X 协会规模的扩大，协会也经常邀请参观者为他们开办讲座。不论是专家学者，还是实践者，X 协会都尽可能地从他们身上学到东西。

对现有社会结构的剖析往往发生于与外来者的“对话”过程中。一些致力于推动社会发展的学者如温铁军、杨团都曾在 X 协会举办讲座。这些专家对资本下乡和过度工业化的发展模式有深入的思考，并将自己的观点体现在讲座中。他们对 X 协会的理念形成起到重要的推动作用。

在他们的影响下，结合与市场互动的经验，X 协会开始主动采取措施，帮助员工对一些社会现象展开批判性思考。笔者在 2012 年第一次去调查时，见到了协会统一编写的学习材料。其中有一篇文章是讲述不同形式的合作社的，并特别提到了被大户或企业控制的合作社与真正的合作社的区别。

当时协会以部门为单位，分别学习这份材料。大家在一起阅读、讨论。结合材料里的讲述和之前与帕图打交道的经历，员工们更容易对“资本”进行反思，也就更容易理解 X 协会与一般企业的不同。

除了这些学者，来自全国各地甚至国外的实践者也分享了他们的故事。2014 年 4 月，一群年轻人被新招进协会。他们中的大部分曾在城市里工作过。一开始，他们中的大部分人并不知道像 X 协会这样的社会组织是做什么的。过了几天，其中一个年轻人对笔者说，他们很高兴在这里学到不少东西。因为有个加拿大华裔女性过来参观，讲到自己来中国租了一块地做生态农业。这个年轻人说：

> 太有意思了。城里人怎么还跑到我们农村种地？我们自己都不愿意干农活。不过听她说生态种植还有好多其他的作用，我倒是想种庄稼了。

外来专家、实践者的讲座为员工提供了“与世界对话”的机会。真正的对话也会在讲座之后发生。员工会被邀请分享自己的感受并提问。做总结是促进对话的另一种方法。X 协会要求员工撰写月度和年度总结。① 不少员工写下听讲座的感想和收获。这虽然不是与讲者的直接对话，却可以帮助员工们回顾和反思所接受的信息。

意识提升活动的效果难以被准确评价，不过下面的一个例子可以说明部分员工确实有对于发展的不同理解。当一队来访者参观青年农场时，有人问为什么 X 协会不会开发农家乐。郝大有，这个当时 30 岁出头的青年农场负责人，回答道：

> 其实我们考虑过了，但是我们决定先放一放。你知道，不是所有的游客都有素质。如果他们在我们的土地上扔垃圾，怎么办？如果我们做这个旅游的生意，我们一定要找到和我们有相似想法的人，找到那些真正喜欢和爱护我们农村的游客。

郝大有对生态农产品的一段论述也很有趣：

① 对于大部分不擅长文书工作的员工，写总结对他们来说也是一种技能训练，能够提高他们的写作和思考能力。

> 我们不以高价出售生态农产品。不是因为我们不能这样做，而是因为我们不愿意这样做。为什么？那些富人已经有了很好的生活，我们不能把所有好的产品都给他们。我们想让普通人买得起我们的生态产品。我们的最终目标是将生态农业扩大到3万亩，这样才能真正保护环境。如果只有富人买得起生态食品，3万亩的土地生产的产品也卖不出去。

教育家 Friere 提出以对话式教育代替灌输式教育。他将对话定义成“个人通过自己所处的世界和他人相遇，并以此可以了解和改变世界”。对话式教育的核心乃是“提出问题”，让被教育者主动思考，反思自己和他人的关系以及自己的价值。X 协会对员工的教育方式很像“对话式教育”。员工通过协会的平台得以服务农户，得以接触到社区外的专家学者。这是与他人相遇的过程。这个过程会引导人们反思自己在世界中的存在方式和价值，发掘自己对生活和社会的疑问。员工们通过自己对这些问题的思考，以及与同事、外来参观者的交流，不断产生新的思想，逐渐塑造社会经济的意识和理念。

(四)集体认同的形成

不论是种地，或是兼业养殖、餐饮、运输等，当地农民大部分以家庭为生产单位。习惯了单打独斗的农民进入协会进行社会经济的组织工作，需要适应与他人的合作过程。因此 X 协会非常重视集体意识的培养，帮助员工们形成团队精神和合作能力。

集体文娱活动是 X 协会使用较多的团队建设方法。继承了发展初期的妇女广场舞传统，各部门的女性员工们，每天上班后的第一件事就是集体跳舞。2013 年夏天，笔者调查时住在生态农业技术推广部的办公室，每天早上都在部门的广场舞曲中醒来。女性员工认为“只要一跳舞，我们就觉得精气神上来了”。男员工总是认为女性化的舞蹈动作不适合自己。为了让更多的男性员工参与，2014 年笔者再去华山村时，所有员工改为每天早上到村广场跳佳木斯操。每天的集体早操，可以起到活动身体的作用，也能促进员工们的交流，一天活泼的工作气氛从此展开。

图 8.3　X 协会男员工跳集体舞

图 8.4　X 协会女性员工早上的跳舞活动

X 协会同样重视员工之间和谐关系的建立。笔者第一次了解九型人格理论，是在 X 协会。这个理论最初由一位来自台湾的学者在讲座上讲授。X 协会认为该理论有助于帮助员工互相了解各自的性格特征，促进彼此的理解，便在协会推广学习。一个员工告诉笔者："我们学了这个，就知道，有的时候同事做的一些事或者说的一些话让自己觉得不舒服，但他不是故意的，也不只针对你一个。他就是那样一个人。"

另一个有趣的现象是 X 协会在团队成员间，逐渐恢复了帮工的习俗。帮工，是指在农忙时节农民的亲友邻居们互相帮助干农活，接受帮工的一方不支付现金报酬，之后同样以向对方提供劳务的形式作为补偿。这个传统习俗充分利用了农村熟人社会的资源，也减轻了农民的现金支出负担。随着市场经济的发展，大批农民进城打工，农村劳动力也变得金贵，帮工习俗逐渐被雇用临时工并付以现金报酬的形式所取代。X 协会的年轻员工居多，团队内部倡导团结互助的气氛，具有组织帮工的条件。农忙时节，年轻员工会被组织去有需要的员工家中(比如男性都外出打工的家庭)帮忙干农活儿。劳动完后，帮忙的人可以得到主人家的一些农产品作为答谢。帮工者也可以在日后得到争取其他人帮助的机会。

正如王素清在与他人一起工作时备受鼓舞一样，集体本身就是一种力量。如果说意识提升是为了培育一种面向外部世界的思维结构和心态，那么集体身份的塑造则发展了乡村社区内部的团结精神。这两者共同构成了对员工们的赋权，塑造了这个农民组织的精神基础。

(五)增强农民的权能

在华山村，村民在 X 协会发展初期就有被赋权的经历。农业技术培训、广场舞、辩论小组和学习小组都可以帮助村民学习技能、增加知识和提升信心。成功修路更是集体赋权的体现，① 大部分村民对于协会都有极

① 详见第三章的案例介绍部分。

大的热情和信心。那一时期，是X协会广泛动员群众并开启民智的时期。虽然协会后期遇到一些挫折，但当时的行动为之后的入户工作奠定了基础。

千亩生态园失败后，为了解决公共问题的集体行动基本停止。X协会结合各项服务，将赋权工作的对象转向个人和家庭。赋权的目标包括帮助农户构建和谐的家庭关系、养成合适的卫生习惯、提升对社区的责任感等。其主要方式是宣传和教育。协会的每个工作人员都要负责50至200户农户的沟通和服务。针对农户的教育和宣传工作正是通过这一服务系统来完成的。

协会擅长结合农户的心理特征开展教育和宣讲。X协会在2014年举办了“最美家庭评选”活动。员工们根据自己调查的农户情况，在每个村庄挑选了几户家庭关系和谐、卫生状况良好的农户，并邀请他们参加颁奖典礼。获奖的农民告诉笔者，他们实际上看重的不是得到什么奖励，而是这个称号带来的自豪感。X协会抓住了这种心理，举办评比活动提升了这些农户的自我认同感，并为其他人树立了榜样。戏剧教育是另一种常用的宣传方式，X协会的员工会自编自导自演一些小品来宣传爱护环境、维护和谐邻里关系等理念，并在其中融入地方戏的元素，深受农户欢迎。

与农民沟通，本土化的团队有先天优势。在农村社区这个熟人社会中，血缘和地缘关系将他们与其他村民紧密联系起来。这些关系可以帮助他们比较容易地进入农户并搜集信息。方言也缩短了与农户的心理距离。本土化的团队更容易了解农户的立场和心理，并开发农户容易接受的教育形式。笔者曾问过当地的村民，如果用普通话与他们交流是否可行。一个村民说：“你不是本地人。我们怎么能相信你呢？你要我们做生态农业或垃圾分类，我们做了以后你跑了怎么办？”可见，本土化的团队也增强了农户对于协会工作持续性的信任。外来的社会经济组织者虽然可以做类似的工作，但缺乏上述优势。这在青田的实践中得到了体现。

二、青田：能力提升为主的赋权

(一)以参与带动能力提升

作为一个社会工作机构，青田特别关注赋权问题。他们从村庄的弱势妇女中选择互助组成员，就体现了这一点。

春熙村地理位置偏僻，互助组成员大多没有外出务工的经历，也很少出村。受“男主外，女主内”传统观念的影响，村内妇女往往羞于见陌生人。由于春熙村不是大众旅游点，且山地居多，地理环境复杂，不少游客需要导游。妇女们的害羞心理，导致项目初期互助组无人愿意承担导游的任务。青田的社工还发现，贫困是他们面对游客缺乏信心的另一个原因。当看到穿着时尚服装的游客开着车来旅游，妇女们总会有些“自惭形秽”。

因此，社工承担了最初的导游工作，包括带游客登山，做农活或体验手工农产品制作。过了半年，社工发现互助组成员即使已经熟悉导游的流程，还是不愿意接手这个工作。为了避免互助组产生依赖思想，帮助她们提升自信，社工有意不再承担导游工作，并帮助互助组各成员从自己擅长的任务开始接手导游工作。社工鼓励农活儿干得不错的成员指导游客体验水稻种植，体力较好并且熟悉周边地形的成员则开始带游客爬山。几次下来，互助组成员发现，城市游客经常向她们请教植物名称、种地方法这些问题，她们居然能够做城市里人的“老师”。于是，之前的害羞心理慢慢消失，自豪感逐渐充盈，开始习惯自己承担导游工作。

在经营旅馆的过程中，成员们还学会了记账等管理工作，她们通过参与集体讨论决策、解决互助组内部分歧，个人能力得到很大的提升。同时，她们通过自己的劳动改善了生计。X 协会“有事可做”的说法同样适用于青田的项目。青田为这些女性提供了一个有事可做的平台，她们的潜在才能被激发出来。表 8.3 显示了 8 名互助组成员的家庭状况和负责的管理任务。参与旅馆运营，适应集体合作，使她们从弱势群体逐渐成长为自力

表 8.3　互助组成员的家庭状况及当前管理任务

姓名（年龄）	家庭状况	参与项目前的主要困难	原来的职业身份	负责的管理工作
郑运萍(49)	丈夫为农民，有两子，其中大儿子初中毕业后外出打工，小儿子正在上初中	居住空间狭小，两个儿子共同使用阁楼做卧室	农民，有外出务工经历	成本核算和记录
李燕娟(50)	丈夫为农民，有三个子女，小儿子从初中辍学，与姐姐一起外出务工	难以负担大儿子在职业技术学校的学费和生活费	农民	维修基金管理
杨春英(50)	丈夫去世较早，三个子女均外出务工	单独居住，没有其他支持性资源	农民，曾做过乡村接生员	互助组组长
易宝凤(49)	丈夫有慢性疾病，无法劳动；女儿智力残疾，两个儿子外出务工	丈夫的医药费用花销大，照顾女儿的负担较重	农民	社区公益金管理
李翠芬(42)	娘家没有其他亲人，第一个丈夫去世后再嫁，有一子；一根手指有残疾	难以负担儿子在职业技术学校的学费和生活费	农民	联系和接待游客，收费
易红丽(35)	丈夫外出务工，有一子一女，均在上小学	女儿身体不好，休学在家养病，医药费较高	农民，有外出务工经历	利润核算
李香秀(47)	丈夫外出务工，有三个儿子和一个女儿。其中一个儿子胳膊有残疾	家中经济负担重，居住空间狭小	农民	成本核算和记录
周晓丽(50)	自己和丈夫在村中种地，两个儿子外出务工	居住空间狭小	农民	餐饮服务原材料采购

注：年龄以 2012 年的年龄计算。

更生、具有自信的农村女性。

图 8.5　互助组成员共同参与记账

(二)意识提升的困境

对互助组成员，青田很好地实现了在个人能力层面的赋权目标。不过实现意识提升层面的赋权目标就比较困难。互助组的一个成员告诉笔者："如果我们能给老板打工会更好。这样我们就不用操心那么多的细节，每个月等着拿工资就好了。"其他村民也有类似的想法，他们看到青田发展的乡村旅游，觉得规模太小。不少村民希望"有大老板来开发"。至于大老板来到后，村庄环境是否会被污染，自己给大老板打工每天要工作多久以及能拿到多少工资，他们暂时并不在意。

可以看出，对于青田的社会经济实践来讲，意识提升至关重要，可以帮助互助组成员和其他村民理解掌握村庄发展主权的重要性，从而更清楚地认识到青田所采取的发展模式的合理性。

在田野调查中，笔者经历过一次意识提升的教育活动。当时青田的项目主管也在现场。青田组织了一次全村观影活动，来的村民不少。播放的影片为纪录片，讲述了云南某村的大规模旅游开发如何破坏了村民的文化自信和尊严。其中一个镜头是骑在大象上的游客向村民手中的帽子里投钱。游客将钱举得很高，村民们为了让钱被投到自己的帽子里，纷纷将帽子也举得很高。项目主管解释了这个关键的镜头："这些村民看起来像是在乞讨，而游客们却不尊重他们。村民们的心态是只要能让游客高兴，他们就会拿到钱——这是一种完全不平等的关系。"

播放的影片是一部人类学家制作的民族志纪录片，其拍摄视角和旁白偏学术化，可能让村民难以完全理解。与 X 协会对员工的教育相比，纪录片播放是单向的信息传递，并没有让村民们分享自己的感受或者提出问题。事实上，青田的许多一线社工已经注意到意识提升的方式与村民需求之间的差距。由于大多数村民没有参与旅馆的运营，一部关于旅游开发的反思性纪录片很难引起他们的共鸣。一线社工认为，意识提升的教育必须结合村民的日常生活。青田在另一个项目点的实习社工在论文中写道：

> 许多时候的教育和意识提升工作都是在会议或活动中进行，而会议当中的教育主题大都是工作人员根据自己平时对合作社和社员的观察、判断和反思在会议前就决定好然后穿插在会议当中的，比如工作人员会告诉社员"合作""环保"对某个国家、某个城市的好处，或者将一些其他理论性的组织知识、历史知识带进会议中去。而笔者通过对会议中社员们对这些教育内容的反应的观察，发现每当社员们听到工作人员谈及有关教育的内容，他们就会表现出一脸的漠然，具体来说，他们有的会用沉默代替交流而变得心不在焉、有的则会偏离话题谈其他，有的甚至直接离席等。笔者认为最主要的原因是教育内容的关系，教育的内容不仅没有考虑到社员本身的想法，而且与……整个具体现实情境不符……这种远离社员现实情境、偏离社员想法的教育内容，只会使社工和社员之间越来越难以沟通，彼此的关系也会越来越疏离，因为彼此都会觉得没有共同话语，工作人员不懂社员们的世

界，社员们也不懂工作人员的世界。①

上述描述与春熙村的观影情况相似，社工们清晰地认识到意识提升的重要性，但社工的知识结构和思维方式都与村民不同。开发出吸引村民的、接地气的意识提升方法比较困难。

意识提升的困境存在多种原因。人力资源是另一个难题。青田一般有两名社工驻村。与X协会不同，依靠政府资助的青田，其财务能力不允许在村中配备更多的社工。由于项目以生计建设为主，社工专注于市场拓展，缺少时间和精力开展意识提升的活动。即使是普通的文娱活动也很少举行。

社工的流动性加剧了人力资源的问题。笔者调查时，春熙村的负责社工已经轮换了三次。轮换的主要原因是社工的离职以及实习生的离开。对于在城市受过多年大学教育、已经适应城市生活的社工来说，偏僻山村的物质条件艰苦。除了日常的工作压力，驻村社工们一开始“人生地不熟”，不得不在很大程度上依靠进入村庄后新建立的社会关系开展工作。长期坚持对任何人来说都不容易。一些社工选择离职去攻读更高的学位；一些则为了照顾家庭重新回到城市。

青田也十分明白一线社工的艰辛，每隔一段时间就会让驻村社工回到城市休整一下。但社工的流动性依然较高，好不容易熟悉村庄状况的社工离开了，新来的社工则需要重新了解当地。

青田作为村庄的“外来客”，要花费很多时间取得村民的信任。村民们更习惯使用附着在亲缘和地缘关系上的资源。春熙村民大多知道村内的社工站，他们把社工和互助组成员都称为“社工站的人”。但是他们并不理解什么是“社工”，以及什么是社会组织。于是总会有对于社工站的猜想和质疑。他们更容易将青田理解成一般的企业，无法明白青田的社会使命。一

① 陈珊妹. 批判教育学视角下农民专业合作社教育与意识提升研究——以社会工作发育的绿寨种植合作社为例[D]. 广州：中山大学，2013：23.

些村民认为青田肯定从旅馆中获得利润，因此青田对于村民的号召总会被部分人认为是从青田自身利益出发的。这些猜忌让青田所宣传的理念的可信度在村民心中打了折扣。① 图 8.6 总结了青田在村民意识提升上面临的障碍。

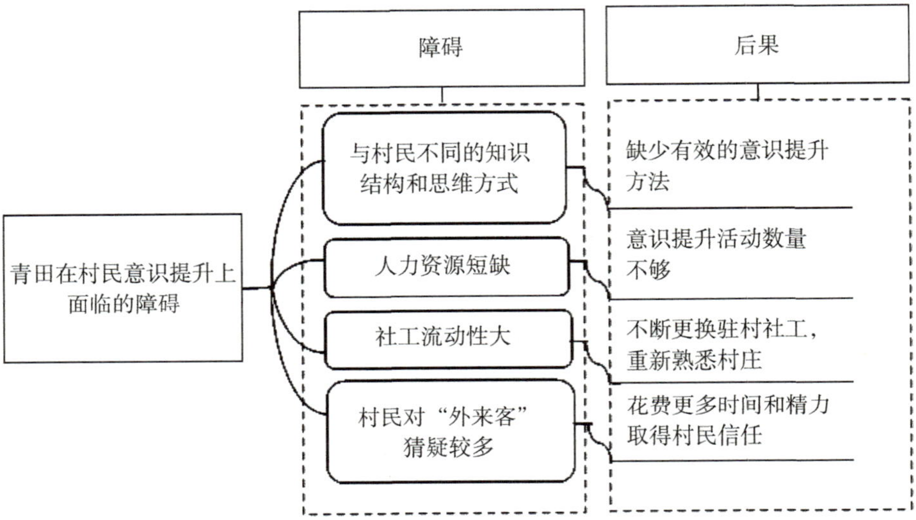

图 8.6 青田在村民意识提升上面临的障碍

三、小　　结

赋权工作对社会经济实践的重要性在于，它可以塑造新的主体作为社会经济的参与者。赋权既是一个过程，也是一个结果。本书在第二章构建了一个对赋权的分析框架（表 2.3），将赋权分为两个层面：个人能力和意

① 即使对 X 协会，华山村的村民们也有人认为“他们肯定能从政府那里得到很多补贴”。关于农民对社会组织的猜疑，宋菱有一个有趣的总结：“如果你做好事却不收他们一分钱，他们会怀疑你，猜你肯定别有用心。但是如果你收费，他们虽然不会认为你是好的，但至少不觉得你是坏的。”

识提升。结合这一框架，表 8.4 概括了 X 协会和青田各自赋权工作的主要内容。

表 8.4　X 协会与青田在赋权工作中的比较

赋权的层次	表现	X 协会		青田
		对员工	对普通农民	对互助组
个人处理日常生活的能力	自信提升	✓	✓	✓
	能力提升	✓	✓	✓
意识提升	对于社会结构的反思能力	✓		
	集体身份认同	✓		✓

两个案例都体现了"有事可做"对于赋权和社会经济参与主体塑造的重要性——无论是在 X 协会的妇女骨干，还是青田的互助组成员，都在社会经济实践中找到施展能力的平台，获得了能力的提升和自我实现。

X 协会的赋权对象有两类：员工和普通农民。对于员工，个人能力和意识提升两个层面的赋权工作均有展开。对于普通农民，赋权的工作集中在个人能力上。这种差异不难理解。协会采用了"以服务为中心"的战略，大多数农民是 X 协会的服务对象，没有直接参与社会经济的组织过程。相反，员工则具有双重身份，既是农民又是社会经济的组织者。他们的意识提升对于践行社会经济的原则更重要。他们也是当地最早接受意识提升的农民群体。地缘和亲缘关系，则使他们更容易与其他农民分享意识提升的成果，并利用"草根"智慧，开发农民易于接受的教育形式。

青田主要实现了社会经济参与者在个人能力层面的赋权，同时依靠互助组的运作帮助组员形成集体认同。自上而下的专业视角导致意识提升活动难以匹配村民的知识结构和生活情境。此外，作为外来的社会组织，青田也面临人力资源不足、社工流动性高、获取村民信任有难度等不利因素，不利于意识提升层面赋权工作的开展。

第九章　总结与讨论

本书到此已经完成所有的经验性分析。在本章中，笔者将通过回顾两个案例的发展历程，归纳中国农村社会经济实践的结构性障碍。之后笔者将概括两个案例在不同维度的策略，其中 X 协会的策略对于克服部分结构性障碍至关重要。结合两个案例在市场策略上的不同，笔者着重解释了主流市场策略对社会经济的重要性，也构建了一种放大社会经济影响的可能途径。最后，笔者总结了两个案例在资源禀赋和实践者类型上的差异。在上述总结和讨论的基础上，笔者提炼了本书对于社会经济实践者和政策制定者的启示，也说明了本书的研究局限和未来的研究方向。

一、中国农村社会经济实践的障碍

参考 Wright 的间质性变革的概念（见第二章图 2.4），图 9.1 和图 9.2 分别展示了 X 协会和青田项目发展的关键节点。横轴代表时间，纵轴代表社会经济实践对于社区的积极影响程度。

X 协会遭遇的两个较大的挫折分别发生在 2004 年和 2007 年。2004 年养鸡项目和芦笋收购项目遇到困难，2007 年千亩生态园项目失败。由于华山村的大部分农户参与了千亩生态园项目，2007 年的挫折对 X 协会的影响更大。之后，X 协会调整了发展策略，不直接涉足生产业务，而是打造可以盈利的生产服务体系，并投入部分盈利用于发展社区公共服务。

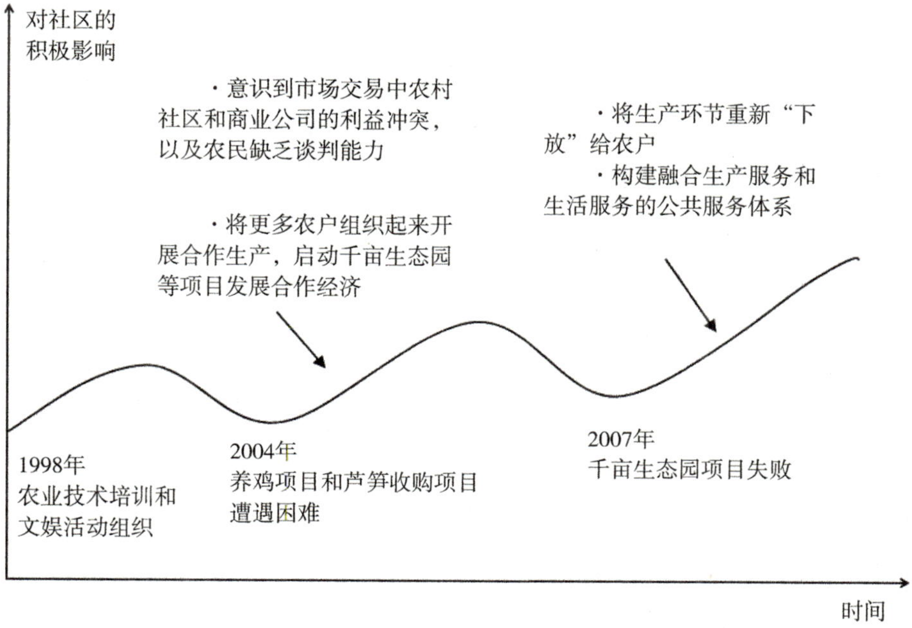

图 9.1　X 协会发展的关键节点和策略调整

图 9.2 展示了青田春熙村项目的发展历程。2000 年前后，青田在西南地区某村启动了第一个项目，重点是组织文娱活动以及传承乡村文化。虽然这个项目并非本书的研究对象，但它对于青田的意识形态形成至关重要，并影响了春熙村项目。在这个项目中，村民的参与意愿逐渐下降，青田意识到项目未能关注生计建设，无法满足村民的最紧迫需求。因此，在 2009 年启动春熙村项目后，他们重点转向“替代性生计建设”。春熙村项目的最大挫折是 2011 年生态农产品生产小组的解散。之后，青田主要聚焦在小规模乡村旅游和手工农产品的开发。

两个案例遇到的部分结构性障碍相似。首先，是社会经济体面对资本缺乏谈判能力，无法掌控交易中的主导权。X 协会在养鸡项目和芦笋收购项目中，无法向下游企业或收购商争取更好的价格。且企业还存在不履行合同义务的问题。青田在农产品销售时也遭遇了合作餐厅的刁难和不配合。第二个障碍是在主流市场的包围之下，劣币驱逐良币。高质量的产品或有责任感的理念被排斥。X 协会不愿意向收购商送礼，自己高质量的芦笋反而没有别人低质量的芦笋价格高。青田的生态农产品，虽然嵌入了很多社会价值，却因价格较高和缺乏物流设备而无法与一般农产品竞争。

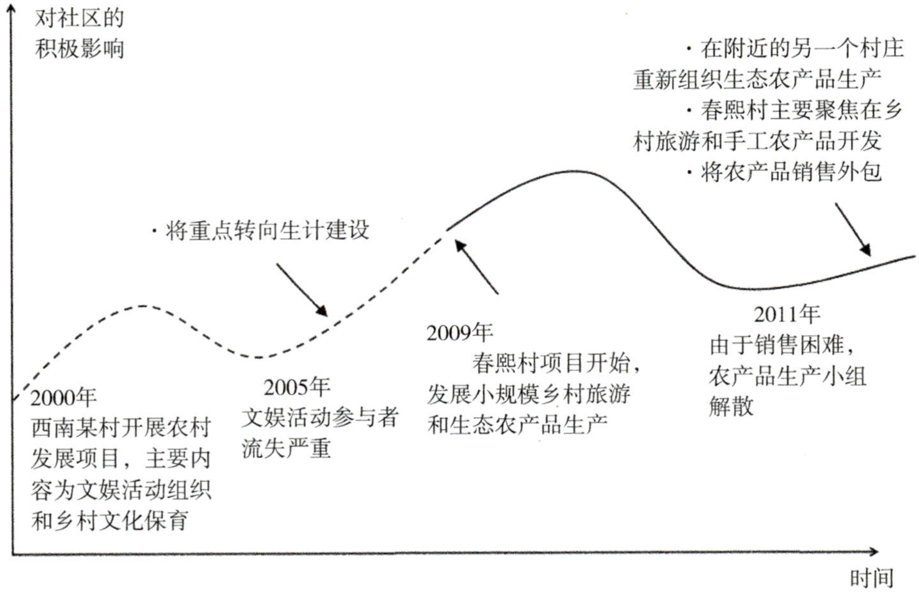

图 9.2　青田项目发展的关键节点和策略调整

这两个障碍背后，隐藏着自由交易、优胜劣汰的市场规则所实施的主动社会再生产。这一社会再生产机制，看似使用等价交换原则，并不具备强制性。然而，等价交换并不会考虑交易主体在生产关系中所处的客观地位，作为等价交换主要标志的价格信号，也不能完全体现商品内含的社会关系。不论是 X 协会坚持诚信原则去开拓主流市场，抑或是青田开发替代性市场，社会经济体都无法因为强调社会属性而免于市场竞争。更遑论在缺乏资本、技术的条件下，社会经济体起步更加艰难。

第三个障碍是集体劳动的困境。X 协会启动千亩生态园这一集体土地经营项目，并采用了集体劳动为主的劳动组织方式。然而农业集体劳动的管理存在困难，导致最终项目终止。青田互助小组的公田虽然规模要小得多，但也存在类似问题，以至于蔬菜地块基本没有产出。两个案例在集体土地上，没有采用雇佣劳动而采用了集体劳动，其目的是避免可能产生的分配不公，缩小参与者之间的经济分化。这极其符合社会经济的原则。然而，在分田到户已经持续了几十年的情况下，农户对个体利益的关注多于集体利益。无论是 X 协会，还是青田的互助组，集体经营的土地之外都还存在农户自己管理的土地。农户倾向于先在自己的土地上投入劳动，难以将经营集体土地作为第一要务。同时，缺乏对于集体劳动有效的核算和监督措施，也影响了产出。

除了上述三个障碍之外，还有一个障碍在青田的案例中体现得更加明显。即广泛的商品化造成的农村社区自给能力的缺失，以及消费主义的兴起。这一现实导致了农户对于现金收入的强烈需要，从而阻碍了农户对于社会经济实践中社会目标的关注。青田的替代市场策略，其初衷是在发展经济的同时，传承当地文化并保护当地环境。但在实践中却体现了“另类商品化”的矛盾性后果：社会经济实践期待以商品化为手段来实现社会目标，但最终商品化却被抬升为目的。社会经济在扩大了农村社区原有商品化范围的同时，引导农户更多地关注经济利益，人们甚至为了争夺商业机会而在社区内部产生张力。①

上述结构性障碍是否表明，如部分学者所说，社会经济生存的空间不大，更无法产生实质性的影响？X 协会在 2007 年后的策略调整，或许可以

① 虽然这个障碍在 X 协会的案例中体现得不明显，但 X 协会的服务对象同样也存在过度关注经济利益的心态。比如，老人们宁可牺牲自己的健康也要多纺线，棉农们会怀疑协会从有机棉花里获得巨额利润等。这些现象也是促成 X 协会实施限制商品化策略的原因。

告诉我们，操作层面的行动改变能够部分抵消结构性障碍的消极影响。

二、社会经济实践的策略

（一）不同维度的策略

表 9.1 从不同维度总结了两个案例的关键策略。其中 X 协会主要是 2007 年调整之后的策略。

表 9.1　X 协会和青田的社会经济实践策略

维度	X 协会	青田
市场	主流市场作为主要销售渠道 替代性市场作为补充	只采用替代性市场
必需品	提升社区自给能力 限制部分产品的商品化	另类商品化
公地	将集体经营的土地重新归还农户经营 自 2008 年建立生产服务体系作为新型公地	集体劳动 模糊分工
剩余	根据农户与协会的交易量分红 提取社会剩余用于社会服务，提高社会剩余的使用效率	平均分配 提取社会剩余用于社区发展
赋权	个人能力层面的赋权 意识提升层面的赋权	个人能力层面的赋权为主

虽然有过失败的市场经验，但 X 协会始终保持着“主流市场策略”。X 协会以附近的大型农贸批发市场作为主要的农产品销售渠道，辅之以社区支持农业等替代性市场渠道，并吸纳当地的农产品经纪人，对其进行诚信交易等思想教育。在小额信贷服务开始前，农产品销售是协会最大的利润来源，使协会有能力拓展自己的员工团队。

在必需品维度，X 协会的策略有两个。一是努力提高社区的自给自足能力，如生态农产品优先供社区消费，建立本地交易系统等。这些举措减少了农户对现金收入的需求，以非商品化的方式满足了农户的部分生活需要。二是限制商品化。这一策略主要体现在限制生态农产品的收购价格，拒绝出售老人的剪纸，不接受手工艺品的订单等，其目的在于防止人们被单一的经济目标所异化。

千亩生态园项目失败之后，X 协会在公地维度的策略出现大刀阔斧的调整——建立了一套集生产服务和社会服务于一体的服务体系。公地从作为生产资料的集体经营土地，转变为农户可以享受的各类服务。X 协会不直接参与生产，而是通过将农户组织到生产服务体系中，促进以家庭为单位的农业生产。这一改变极大地规避了市场风险。

相当一部分生产服务以市场交易的形式进行，并产生利润。这里与一般商业公司的不同点在于剩余维度的策略。生产服务利润的 60%将作为分红返还给农户。还有部分利润作为社会剩余，用于支持非盈利性的生产服务和社会服务，如农民学校、儿童和老人服务等。X 协会对社会剩余的利用具有鲜明的特点。他们结合农村社区部分农产品自给的优势，最大限度地节省了社区服务的现金支出，提高了社会剩余的使用效率。

在赋权维度上，X 协会不仅致力于提高员工和其他村民的个人能力，也致力于员工的意识提升，帮助员工识别影响农村发展的结构性问题，理解协会限制商品化的策略。与社会剩余的使用相似，赋权维度的具体方式，比如重新恢复员工内部的帮工传统、采用农民喜闻乐见的小品作为教育形式，展示了 X 协会的本土智慧。

青田在各个维度上的策略，与 X 协会既有相似之处，也有不同。在市场维度上，青田采用“完全替代性市场”作为销售渠道。受制于各种因素，替代性市场规模过小，最终导致农产品销售的终止。生态旅游相对于农产品销售更加成功。互助小组成员的生计得到实质性改善。

在必需品维度，青田的策略可称为“另类商品化”，该策略试图赋予小生产者更大的决定权，突出环保、互助等社会价值。然而，它却扩大了商品化的范围，将村庄更深地卷入市场之中。因此，它存在一种风险——引导人们将习以为常的文化资源和自然禀赋“变现”，从而过分关注经济利益，甚至为了争夺经济机会而产生张力。

在公地维度上，与X协会前期的策略类似，青田打造了集体共有的生产资料，如乡村旅馆、公田等。在公地中的集体劳动以模糊分工为主。这一分工方式有利于维护乡土社会看重的“人情”，保证了互助组成员间的团结。在模糊分工的机制下，成员劳动积极性的问题也有体现，尤其以公田最为突出。但由于青田案例的经济规模较小，劳动积极性问题的影响尚不大。

在剩余维度上，青田项目的互助组采用了平均分配的机制——每个成员获得相等的利润份额。这个策略既符合社会经济重视分配公平的原则，也配合了模糊分工机制。互助组的部分利润用作社会剩余。但由于规模较小，社会剩余对社区的影响有限。

在赋权维度上，青田主要关注互助组成员个人能力的提高。受制于人力资源有限等各种因素，青田对于意识提升的工作涉及较少。为数不多的意识提升活动也与村民的具体生活情境结合不够紧密，让村民们难以响应。

(二)不同维度策略之间的关系

Gbison-Graham将社会经济的四个维度看作平行关系。但本书的两个案例表明，不同维度的策略存在层级关系。其中市场维度和公地维度的策略是基础。市场维度的策略决定着社会经济体的产品能否有效变现；公地维度的策略则关系到社会经济实践的业务方向以及生产组织的有效性。两个维度的策略共同决定着社会经济的生存状况和运行效率。

社会经济体的生存状况和运行效率，则对必需品维度和社会剩余有较大影响。X协会之所以能在必需品维度采用限制商品化的策略，是因为它通过参与主流市场和调整公地类型实现了生存。人们不用为获得微小的边际收益而处心积虑。对于青田而言，替代性市场策略不能完全满足村民的生存目标。村民们还需要再去寻找尽可能多的经济机会，从而展现了另类商品化过程中的张力。社会经济体的生存状况和运行效率，也决定了投入到社会剩余上的资金规模，以及社会剩余对于社区的影响力。X 协会的社区服务种类较多，规模较大，而青田项目的社区基金其影响比较有限。

公地维度的策略对于剩余维度的分配策略影响也比较大。对于公地类型的选择和管理，决定了生产的组织方式，从而决定了分工机制。依据社会经济强调劳动参与分配的原则，分工机制又决定了分配机制。对于 X 协会，千亩生态园之后的主要生产单位是个体农户，因此协会按交易量分红。在青田的项目中，互助组采用模糊分工，很难根据工作强度来分配剩余，因此采取了平均分配。

赋权维度的合适策略有助于实施必需品维度上的策略，这在 X 协会的案例中得到了明显的体现。协会通过各种教育形式，引导员工反思主流价值观，从而理解限制商品化的策略。X 协会的赋权工作实质上是在挑战被动社会再生产所塑造的个人意识，制造新的主体性，从而配合具有变革性的策略的实施。

(三) 克服障碍的策略

X 协会所采用的策略可以为突破部分结构性障碍提供一些启示。首先，对接主流市场和限制商品化的策略可以共用。一方面，X 协会在市场和必需品两个维度上的策略似乎是矛盾的：对接主流市场帮助农户赚到更多的钱，但限制商品化则剥夺了一些人赚钱的机会。另一方面，这两个维度的策略又相辅相成：只有从主流市场上先获得生存资源，才可能实现社会理想；只有在积攒了必要的资金以覆盖组织成本的前提下，才可能实施限制商品化的策略。

对接主流市场和限制商品化策略的共存，也修正了部分社会经济批评者的观点。社会经济体对市场的拥抱和排斥可以同时发生。在目前的背景下，社会经济的实践者如果要回应农户的生计需求，就必须参与市场过程，进而受到商品化甚至资本化的影响。对接主流市场策略作为务实之举，可以带来可观的经济效益。与此同时，限制商品化的行动可以在小范围内同时进行。如果社会经济体能够发展壮大，限制商品化的行动就可能得到加强，从而达到间质性变革发展曲线上的拐点，实现突破。

其次，构建新的公地类型，将核心业务从“生产”转移到“为生产服务”，可以增加社会经济成功的可能性。这一策略的核心是将农户作为服务的使用者(消费者)而非生产者组织起来。生产服务多属于流通领域。相对于直接生产，它面临的自然风险和劳动管理风险较小。① 且农户对生产服务有刚性需求，从而保证了一定的消费者规模。

生产服务体系增强了X协会与市场的谈判能力。通过生产服务中的大量入户走访，协会对农户的种植品种和产品质量信息了如指掌。对信息的掌握和与农户的密切联系成为X协会的无形资产，使得农产品收购商主动与X协会合作，以降低交易成本。从这个意义上，生产服务体系赋予X协会一定的话语权和议价能力。

社区服务是另一个重要的公地类型。X协会通过儿童服务、老人服务、社区卫生环境改善等方式，收获了农户的好评，增强了社区内的凝聚力，有利于更好地开展其他方面的工作。

第三，参与者的意识提升对社会经济的发展也十分重要。赋权维度的意识提升会配合必需品维度的策略，使参与者理解社会经济的根本目标，从而接受挑战市场逻辑的行为。

(四)间质性变革的作用范围

Wright利用间质性变革的概念，说明了使用渐进方式达到社会良性变革的可能性，同时也指出了打破结构性障碍的重要性，然而他没有阐释间质性变革的作用范围。X协会和青田的案例表明，在普遍商品化的大环境中，完全摆脱主流市场基本是不可能的。以土地为集体的生产资料，将农

① 通过对日本和我国台湾的经验观察，一些学者已经注意到农民合作在流动领域和金融领域更容易取得成功。参见杨团，孙炳耀. 公法社团：中国三农改革的“顶层设计”路径——基于韩国农协的考察[J]. 探索与争鸣，2012(09)：38-43。

民组织成为更大的生产共同体也充满挑战。

然而，间质性变革仍然可以在其他方面促成改变。与生产合作相比，农户在流通、消费和生活领域更容易组织起来。间质性变革可以建立以生产和生活服务为主的新型公地，在流通领域和社会服务环节采用社会经济的原则，提高成功的概率，推动社会经济力量的壮大。

社会经济参与者的能力和意识提升是另一个可以转变的方面。通过搭建一个让普通农民"有事可做"的平台，X 协会和青田都成功地帮助部分成员提高了个人能力。在某种程度上，意识提升层面的赋权也得以实现。向人们提出问题，引导人们反思自己的经历，增加人们与外来参访者对话的机会，是可能的方法。

三、有关社会经济的两个理论模型

在行动方案上，两个案例最大的不同是对市场策略的选择。青田选择了完全替代性市场，X 协会却选择了主流市场辅之以替代性市场。由于规模和竞争力的问题，前者最终终止了农产品销售，后者则实现盈利。接下来，本书将提出两个理论模型，一个解释了主流市场策略的重要性，另一个则指出扩大社会经济影响的可能路径。

(一)社会经济与主流市场结构

作为间质性变革中的一种，社会经济通过渐进的方式在一定的地域范围内触发社会的良性变革。社会经济在某种程度上具备反结构(counter-structure)的特点，但却必须以和平的方式在当前的社会结构中先寻求生存和发展。与此同时，目前的社会结构也将对其施加诸多约束，挤压其生存空间。在这种情况下，社会经济如何巩固自身，乃至改变现有的社会结构?

假设图 9.3 中的圆形代表主流市场结构，具备市场波动、存在垄断、资本力量强于劳动等特点。圆形较厚的轮廓代表这个结构由于发展时间较长所具备的稳定性。主流市场具备自己的资源，并且已经确立了一套成熟的等价交换、自由交易的规则。圆形内的三角形代表被主流市场结构所包围的社会经济实践。作为相对较新的事物，这些三角形的边界很细，体量很小。

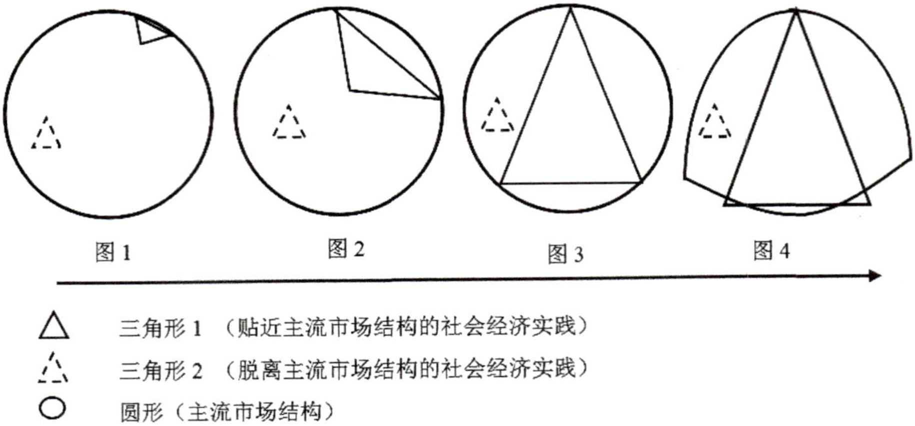

图 9.3　主流市场结构下社会经济的演变

如图 9.3 的图 1 所示，有两种三角形类型：三角形 1(实线轮廓)和三角形 2(虚线轮廓)。三角形 1 与 X 协会的情况类似，代表与当前市场结构更贴近的社会经济实践，因此与圆形存在交点。三角形 2 与青田的情况类似，代表着不愿意与主流市场有过多接触的社会经济实践，与圆形没有交点。①

如图 9.3 的图 2 所示，三角形 1 的规模之所以扩大，是因为它可以从主流市场结构中获得资源(比如更大的消费群体)，并且在成熟的规则体系里生长。相比之下，三角形 2 扩大得很慢，甚至基本不变。在第三个阶段，当三角形 1 足够大，其结构也更稳定时，就有可能在某个方向突破圆形的

① 实际上，青田也没有与当前的市场结构完全脱钩，但不像 X 协会联系那么紧密。

边界(图3)。如果三角形1的发展足够好，会如图4所示，把圆形变成一个更像三角形的形状，从根本上改变区域性的经济发展模式。图3到图4的转换发生在社会经济的参与者数量有较大增长的情况下。X协会的业务，从华山村拓展到两个镇43个村。更多的农户被吸纳进入农产品销售合作。随着X协会谈判能力的增强，当地原有的市场结构，尤其是下游收购商和农户的权力关系就会发生重大变化。

麻烦的是，三角形1也有被主流市场结构同化的危险。如图9.4所示，如果社会经济实践想要通过更简单的方式获得经济上的成功，那么它可以让自己的形状向圆形靠近，以寻求与圆形更多的接触点，直到自己也变成一个圆形，放弃社会经济的基本原则，比如尊重劳动者、将社区的利益置于利润之前。

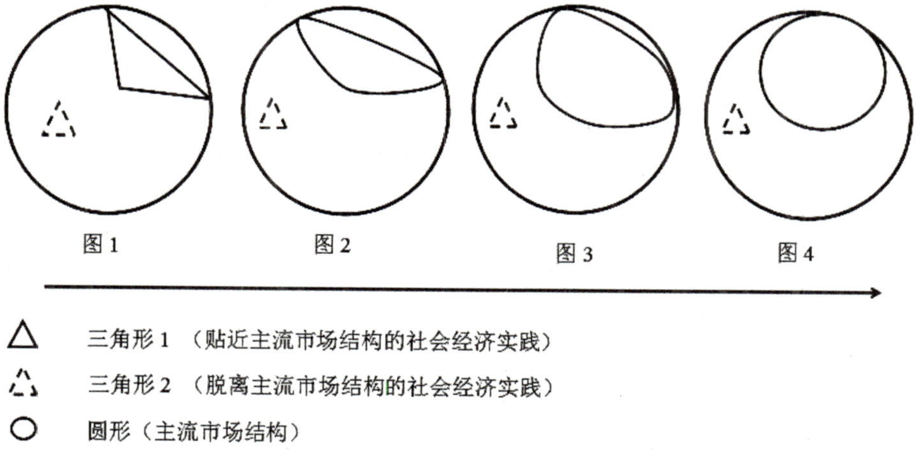

图9.4　社会经济退化的危险

这就意味着，一个社会经济体不仅需要生存和发展，还需要避免退化到它原来所反对的发展模式。许多学者也注意到社会经济体被主流结构同化的问题。有什么方法可以避免这种退化？从社会经济体内部展开变革，施加部分约束可能是一个办法，比如提高社区内部的自给能力、限制商品化、提高参与者的批判意识等。这些作用于社会经济体内部的操作性策略，比直接作用于外部结构的策略更容易实施。

(二)社会经济体之间的交易体系

之所以会出现部分学者批评的社会经济主流化现象，即将社区更深地卷入市场化和商品化进程,① 其主要原因是，主流市场结构只接受货币作为交换媒介，社会经济体需要赚取更多的货币来获得生活必需品，不得不遵从市场化和商品化的逻辑，并存在将人异化的危险。当社会经济体实现了初步的资金积累，可以考虑扩大社会经济的影响。一个可能的途径是打造更大规模的以满足人们基本生活需要为主要目标的物物交换体系。物物交换被定义为"在没有金钱易手的情况下直接交换货物和服务的过程"②。在全球范围内，作为一种不以货币收入为目标的交换形式，它存在于前资本主义时代的漫长历史中，并在当代世界的许多地方得以维持。③

按照马克思的说法，虽然物物交换也是商品化的一种形式，也存在将人与人的关系异化为物与物的关系的危险。但相较于经由货币为媒介的商品交换，物物交换体系中减少了货币凌驾于人之上的可能性，也在一定程度上降低了货币化交换中市场波动给小生产者带来的风险。为了抵挡市场的负面影响，世界各地都有重建物物交换系统的例子。这些例子大多是在社区内部构建物物交换系统，被称为 Local Exchange Trading System(LETS)。④ 在 X

① MATTHEW A H. Tilling sand: contradictions of "social economy" in a Chinese movement for alternative rural development[J]. Dialectical Anthropology, 2013, 37(1): 51-82.

② WILLIAMS C C. The new barter economy: an appraisal of local exchange and trading systems (LETS)[J]. Journal of Public Policy, 1996, 16(1): 85-101.

③ WILLIAMS C C. A commodified world?: Mapping the limits of capitalism[M]. London, New York: Zed Books, 2005.

④ WILLIAMS C C, ALDRIDGE T, LEE R, et al. Bridges into work? an evaluation of local exchange and trading schemes (LETS)[J]. Policy studies, 2001, 22(2): 119-132. 本地交换交易系统(LETS)是"使人们能够在一个地方交易商品和服务而不使用国家货币"。除了物物交换，人们也可能会创造一个当地货币单位(社区货币)来促进交换。

协会的案例中，社区内部的物物交换也推动了农户之间的交流和情感维系。因此，物物交换有助于社会经济部分理念的实现，减少农村社区对于市场和货币的依赖。

图 9.5 中，圆形仍然代表主流的市场结构，三角形则代表社会经济体。为了简化分析，这里不再对社会经济体分类。如图 9.5 中的图 1 所示，部分社会经济体如 X 协会，在三角形内部尝试构建了小规模的物物交换系统，将不同的农户连接在一起。然而，如果交换只发生在一个社区内，就会出现一个问题：可以交换的商品种类有限。

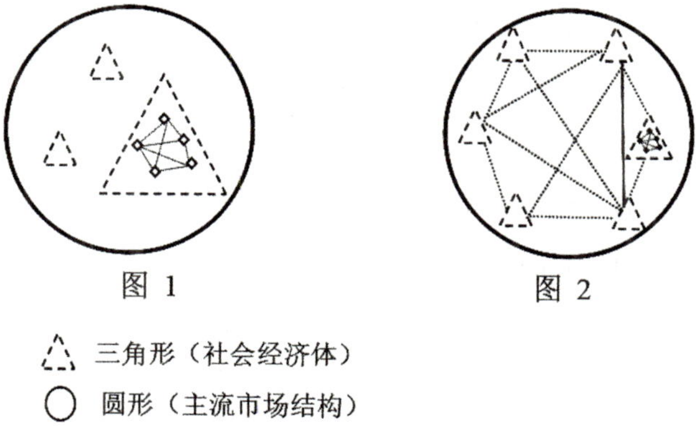

图 9.5　社会经济体内部和社会经济体之间的交换

一个解决方案是促进三角形之间的交换，即构建不同社会经济体之间的交换系统。如图 9.5 的图 2 所示，不同的三角形进行部分必需品的互换。① 例如春熙村可以与 X 协会展开互换。春熙村盛产蘑菇、砂糖橘等山地特产，是 X 协会所在的平原地区缺乏的。X 协会所在地盛产苹果、枣等

---

① 这里的论点得益于 2013 年笔者与台湾学者徐文路的交流。徐文路老师是台湾的马克思主义学者。大多数关于本地交换交易系（LETS）的学术文章都强调社区内的交换，但徐老师提出了另一种颇有见地的可能性：鼓励社区之间的交换。他借鉴了欧洲的相关经验，参见 http：//www. newwe. info/。然而，目前似乎还没有专门的学术著作详细论述这一思想。

水果。如果这些品种也是春熙村所需要的，那么两者可以考虑互换。随着时间的推移，这个网络中将加入更多的社会经济体，社会经济的影响也将逐步扩大。

不同的社会经济体之间产品互换是可能的。首先，社会经济实践者的意识形态相近，容易形成认同感。其次，社会经济参与者有减少货币使用而获得必需品的需求。此外，物物交换体系虽然不能满足人们所有的生活需要，但至少可以部分减轻市场波动带来的风险。

然而，在物物交换体系中还有四个问题需要解决。第一是不同社会经济体的产品和需求是否匹配。春熙村村民不习惯吃玉米，而 X 协会所在地玉米产量较多，因此春熙村的交换意愿可能打折扣。如果有更多的社区参与进来，可交换的物品种类增加，可以部分缓解这一问题。

其次，物物交换体系的合适规模有待确定。对于社区内部的物物交换体系规模，已经有外国的实践提供了部分证据。阿根廷著名的物物交换体系 let Red Global de Trueque 在 3 年内从大约 20 人发展到超过 150 个易货俱乐部，且每个俱乐部规模在 8 万到 10 万人。① 这表明，只要管理到位，物物交换体系的规模弹性很大。社区间的物物交换体系也存在交易成本的问题，需要成立专门的联合性组织负责协调。体系内的社会经济体数量可根据体系的内部治理水平和各成员的发展水平进行相应的调整。

第三，由于农民对工业品需求较大，因此该系统最好吸纳有制造业的社会经济体参与进来。一个可能的选择是考虑改革开放后依然沿用集体经营体制的村庄。其中南街村、华西村等已经具备了较强的工业生产能力。南街村的拳头产品方便面，也是 X 协会的成员需求较大的产品。

第四，应就交换率进行谈判，使其达到每一交换方都能接受的水平。通常，农产品相较于工业品缺乏价格优势。虽然相似的意识形态可能会降低社会经济体提高交换价值的动机，但交换率的决定必然伴随着不同社区

① PEARSON R. Argentina's barter network: new currency for new times? [J]. Bulletin of latin American research, 2003, 22(2): 214-230.

之间的博弈过程。

上述社会经济体之间的物物交换体系是对未来的一种想象。前提是社会经济体已经出现得足够多。这种交换系统也是一个理想类型，现实中可以有很多变体。比如既可以采用物物交换的形式，也可以将物物交换与以货币为媒介的交换相结合。其核心目标是打造社会经济体的交换联盟，扩大社会经济的整体力量。

四、资源禀赋、实践者类型与策略选择

到目前为止，本书只分析了不同维度的策略差异给两个案例带来的不同结果，而没有讨论策略选择差异的原因。虽然这不是本书的焦点，但还是需要简单地说明。笔者认为至少两个因素——当地的资源禀赋和社会经济实践者的类型，对策略选择产生了影响。表 9.2 列出了两个案例在这两个因素上的差异。

表 9.2　两个案例资源禀赋及实践者类型的差异

	X 协会	青田
资源禀赋		
社区名称	龙镇、虎镇	春熙村
行政区域范围	两个镇	一个自然村
人均耕地面积	2.7 亩	0.6 亩
人均收入	7508 元(2011 年)	3000 元(2010 年)
地形	平原为主	山地
农户主要生计来源	各类水果种植	砂糖橘种植
经由公共交通到达最近的县级市所需时间	1 小时	1 小时 40 分钟

续表

	X 协会	青田
实践者类型及特点		
人员来源	社区内	社区外
发展理念来源	与市场直接互动的经验	服务农户的经验 学术理论
资金来源	大部分自筹	政府购买社会服务项目
专业性	非专业的农户	专业社工

由表 9.2 可以看出，龙虎两镇的资源禀赋明显优于春熙村。龙镇和虎镇地势平坦，农业生产条件较好，人均耕地面积是春熙村的四倍多。当地的水果产业比较成熟，出产的水果种类较多。春熙村受限于山地地形，目前只成功地种植了砂糖橘。二者交通便利性也不同，春熙村较龙镇和虎镇偏僻，这意味着农产品销售和运输的成本也随之提高。资源禀赋差异的直接结果是，龙虎两镇的人均收入是春熙村的两倍以上。

因为人们不需要为基本的生活发愁，所以 X 协会更容易实施限制商品化的策略。人们也有更多的时间参与各类教育和文娱活动。相反，对于还在和贫困作斗争的春熙村村民来说，任何微小的边际收入都是有吸引力的。青田不可能像 X 协会那样在一定范围内限制商品化，拒绝提升村民收入的机会。

策略选择差异的另一个重要原因是社会经济实践者的类型。X 协会是当地的农民组织，青田则是外来的社会工作机构。前者的社会经济实践是“内生性”的，后者则是“外生性”的。值得注意的是，X 协会有明显的草根特征，发展的主体是当地农民。青田作为一个社会工作机构，强调服务对象的自决权，但互助组主要是在具体操作中进行决策，实践的整体方向依然由青田决定。

内生性和外生性实践的差异首先体现在发展理念的形成过程。X 协会的发展理念来自与市场的直接互动和与农民打交道的教训。青田对市场的认识主要来自调查和学术理论。

资源约束不同是内生性和外生性实践的另一个差异。X 协会自始至终存在自负盈亏的压力，因此对于经济风险极其敏感。青田主要依赖政府购买，在项目开始之初就有确定的资金注入预期。青田本身不需要通过市场交易获取生存资源。相对而言，它面临的资金压力更小，因此敢于尝试风险较高的替代性市场，并将此作为社会实验。

实践者的来源也很重要。X 协会的员工是当地农民。双重身份让他们更熟悉当地的社会状况和农民的思维方式，因此能够开发各种适合农村的工作方法。青田的社工是外来的大学生，与村民建立了良好的关系。然而，他们需要更长的时间适应当地的生活，并且流动性较大。

对社会经济实践者类型的分析表明，自下而上、内生性的农村社会经济实践更可能取得良好的效果。国际学界的社区发展文献中，对于自下而上和内生性发展模式的认可，再次被 X 协会的案例验证。

五、启　　示

本书以 X 协会和青田为例，向读者展示了中国农村的社会经济实践。中国农村的社会经济实践虽然并非农村发展的主流模式，尚处于起步阶段，但已经显示出改善农民生活质量的潜力。这不仅体现在生计方面，还体现在社区服务和农民的主体意识增强方面。

社会经济实践者在既有的社会结构下面临诸多挑战。为了提高经济上成功的可能性，他们可以考虑采用对接主流市场辅之以开拓替代性市场的策略，同时构建生产和生活服务体系作为社区的公地。社会经济实践者如果希望采用集体劳动的方式以实现分配公平，则需要确定一套合理的劳动度量核算机制，同时也要考虑乡土社会中人情对于集体劳动的影响。为了平衡经济目标和社会目标，社会经济实践者也应当警惕，农村社区在更深地卷入市场化和商品化过程中可能给人们带来的异化危险。在保证基本生存的前提下，可以限制商品化的范围，同时也需要开发符合农民心理特征的教育活动促进其意识提升。

利用社会剩余提供社区服务有助于增加农民对于社会经济体的认同感。非专业化的本土人力资源可以在社区服务中发挥重要作用。20 世纪 80 年代以前，为中国基层医疗服务做出巨大贡献的赤脚医生①已经提供了一个很好的范例。中国农村可以建立一支非专业化或半专业化的本土社区服务队伍。这支队伍对农村社区更加熟悉，能够结合当地特点提高社会剩余的使用效率。农村本土化的社区服务队伍有源自土地的基本生活保障，队伍中的个体离职的可能性更低。政策制定者可以考虑补贴社会经济体内的社区服务人员，并提供在职培训。培训一方面要传授专业的社会工作或社区服务知识，另一方面要吸收基层智慧，提炼本土化的社区服务模式和方法。

社会经济实践在发展初期往往面临资金和议价能力不足的困境。在没有国家支持的情况下，仅仅依靠农民自身来发展社会经济是不现实的。②国家需要干预农业产业的发展，一方面要对社会经济组织提供必要的资金和政策支持，另一方面则需要限制资本与社会经济组织之间的竞争。日韩两国通过法律限制工商业资本下乡的经验可以为中国提供借鉴。

社会经济实践者和政策制定者也可以考虑建立不同的社会经济体之间的交换体系。在一定程度上，这可以减少农民对市场的依赖，从而减少市场波动对农村社区的影响。部分集体经济村庄如南街村、华西村，因其具备一定的经济基础，也可以纳入这一体系。除了物物交换，政策制定者也

① 自 20 世纪 60 年代起，赤脚医生就成了中国农村的初级医疗保健提供者。他们往往毕业于中学，接受的医学培训不超过一年。赤脚医生的一个重要特征是，他们不是全职医生，但仍然参与农业工作。赤脚医生制度因其低廉的费用和广泛的覆盖范围，在 20 世纪 70 年代得到了世界各地的赞誉，甚至得到了世界卫生组织（WHO）的推广。参见 ZHANG D，UNSCHULD P U. China's barefoot doctor：past，present，and future [J]. The lancet（British edition），2008，372(9653)：1865-1867。

② 仝志辉，温铁军. 资本和部门下乡与小农户经济的组织化道路——兼对专业合作社道路提出质疑[J]. 开放时代，2009(04)：5-26.

可以推动社会经济组织以优惠的价格水平与其他市场主体进行交易。

六、局限性及未来研究方向

本书的研究存在一些局限。首先，本书没有详细讨论社会经济组织与当地政府的关系。在X协会创立之初，地市一级的政府给予了较大的支持。在处理与政府的关系上，X协会积累了大量的经验。在村庄一级，虽然村委会是村民自治组织，但也是上级政策的执行者和代理人。在X协会具备一定群众基础后，宋菱的丈夫成为华山村村委会主任，协会里的一个女性骨干成员则被推选为华山村妇女主任。X协会的部分决策也曾与上级政府部门存在分歧。然而，这些分歧在本书描述的时间线内，并未给X协会造成实质性的影响。此外，X协会也建议笔者尽可能地避免对政府人员的深度采访。就青田来说，项目本身是政府购买的社会服务，上级政府出资并且要求乡镇一级政府配合。实际操作中，乡镇一级政府干预非常少。在行政村层面上，村两委在前期配合了青田的需求调查，并提供了村庄的资料。青田更多地在自然村范围内活动。总体而言，当地政府对于社会经济实践的介入不多，因此本书也没有特别地讨论青田与政府的关系。

第二，本书将社会经济实践的策略选择部分归因于资源禀赋和实践者的类型。许多其他因素没有被仔细讨论。除了与政府的关系外，第二个未被讨论的因素是女性的性别力量。X协会的许多核心成员是女性，青田的互助组成员也是女性。这些女性在社会经济实践当中扮演了重要的角色。X协会有关限制商品化、对农民展开意识提升的决策来自女性创始人和其他骨干成员，而春熙村的妇女互助组则坚持了最初不被其他村民看好的旅馆业务，并且自发地形成了一套适合适的分工和分配机制。与男性相比，社会经济的女性参与者或许存在理念和目标上的不同，因此能够更容易地理解非经济维度的重要性。未来，社会经济实践中的女性角色值得研究。

第三，本书亦没有对社会经济实践的内部治理结构进行深入探讨。在西方语境下，民主化的内部治理结构是社会经济的重要特征。① 然而，X 协会的大多数决策不是通过投票做出的。宋菱作为创始人，在 X 协会中拥有权威。她和其他几个部门负责人组成了一个具有最终决定权的小组。这个决策小组不是由其他成员选出来的，而是经过多年的实践脱颖而出的。从这个意义上说，X 协会似乎拥有一个精英带头的治理结构。但与许多“假合作社”不同，这些掌握决策权的“精英”不是经济意义上的精英，而是具有一定服务精神和批判性思维，并致力于建设农村社区的村庄领袖。

相比之下，青田项目的内部治理结构在形式上更加民主。社工主要起推动和辅助的作用，并有意识地引导互助组自己做决策。在项目中后期，每一个有关旅馆运营的决定都是由互助组所有成员集体讨论决定的。互助组成员人数有限，内部民主决策不会因过多的协调成本而损失效率。

本书没有详细讨论内部治理结构，主要有两个原因。第一个原因是资料获取困难。外部的研究人员难以进入重要决策会议的现场。第二个原因是 X 协会的组织构架一直在调整。笔者每次去调查都发现 X 协会的内部治理结构发生变化。在调查结束之前，这个社会经济组织一直处于进化之中，通过不断试错寻找最合适的发展道路。虽然 X 协会取得了初步的成绩，但它并未完全定型，因此本书也无法对它的内部治理结构做出静态性的描述。

未来的研究也应该仔细审查社会经济的内部“民主”标准。一个有趣的现象是，没有“民主”治理结构的 X 协会，在一些方面比具有民主治理结构的青田项目表现要好。虽然有学者批评中国农村的一些社会经济实践缺乏民主治理结构，② 但西方语境下民主化的内部治理结构在中国农村的适用性，“一人一票”的民主决策过程对社会经济的具体影响还有待研究。

---

① AKINGBOLA K. Resource-Based View（RBV）of unincorporated social Economy organizations[J]. Canadian journal of nonprofit and social economy research, 2013, 4(1).

② HALE M A. Reconstructing the rural: Peasant organizations in a chinese movement for alternative development [M]. Seattle, US: Doctor of Philoshophy, Department of Anthropology, University of Washington, 2013.

第四，案例数量可能是本书的另一个局限。笔者最初准备调查更多的案例，但受限于时间成本和有限的精力，没有实施这个方案。由于个人原因，笔者在乡村的田野调查生活受到诸多身体健康上的挑战。① 今后的相关研究可由团队进行，并考察更多的案例，以探讨在不同资源禀赋条件下社会经济实践策略的多元性，也可以建立一个社会经济案例库，纳入更多的经验性资料。

第五，本书的两个案例在村庄历史文化、自然环境、人均收入等许多方面都存在实质性的差异。两个案例的可比性可能会受到质疑。为了尽可能减少这些质疑，本书主要比较了发展理念的形成、实践者的来源等与村庄禀赋因素关系较小的方面。在最后一章，本书也说明了两个案例的策略与村庄禀赋因素的关系，以作为补充。

第六，笔者认为需要行动研究。研究者和实践者的身份差距，会影响对于实践的分析。实践者会更容易理解社会经济面临的约束，也更加深知，在有约束的情形下依然要探索替代性发展道路的必要性。“哲学家们只是用不同的方式解释世界，而问题在于改变世界。”这句话振聋发聩，但还不够完整。因为未曾经验过改变世界的人也难以很好地解释这个世界。从这个意义上说，社会经济不仅需要研究者总结他人的经验，还需要研究者深切地参与到实践中，将研究成果真正书写在大地上。

① 在调查中，笔者经历了两次严重的洪灾，被困在村中两周。另外，笔者不明原因的过敏反应也是一大难题。

附录　主要访谈对象

X 协会

协会创始人　宋菱

华山村村委会主任　李金富

奥米公司派驻华山村工作人员　陆凡

农产品销售业务负责人　郝大有

手工艺合作社负责人　王玉琴

农耕家园和食堂负责人　王素清

生态农业技术推广部门负责人　李红琳

小额信贷服务部门负责人　黄秀娥

农资店负责人　孙梅红

华山村农产品经纪人　邓磊

青　田

城市农产品商店负责人　吕思

项目负责社工　张浩、郝彩丽、严蓉蓉

项目社工/实习生　葛泉、霍明源

乡村旅馆运营互助组成员　杨春英(组长)、郑运萍、李燕娟、易宝凤、李翠芬、易红丽、李香秀、周晓丽

前生态农产品种养殖小组农户　易常永、阳水生

手工农产品制作小组农户　杨楠、杨德生

社区支持农业联盟参与者及青田的销售合作者　唐文亮

红荔村村支部书记　杨太德

后　　记

由于是第一次出书，所以在写后记时，我把原来同事孙新华博士的书拿来，看他的后记如何写。他在第一句写道：“也许是出身农村的缘故，自有主体意识起，我的人生规划中就不仅仅有个人的成功，还有父老乡亲的出路。”这句话简明扼要地介绍了他的求学和写作目的，也让我更多地了解到：原来新华学问做得好，乃是因为背后有这样的情怀和理想。

我的研究也和农村相关。然而，我出身于城市。由于家族不大，“父老乡亲”并不太多。且大部分“父老乡亲”生活尚可，并不需要我为他们想出路。所以我做农村研究的动机在哪里？不同于新华，我关注农村更多是因为机缘巧合。

高考后有点稀里糊涂地把农业经济专业填到了志愿表里，于是便开始了与农村的接触。老实说，由于之前很少去农村，对于老师在课堂上讲的东西我完全没有具象的概念。好在当时不少老师都有农村调查的项目，给我和同学们提供了了解农村和农民的机会。虽然那时下农村还比较艰苦，我去得也不算多，但农村、农民的形象在我脑中逐渐清晰了。我发现农村有太多与城市不一样的地方，让我这个“局外人”觉得有趣。也许这就是我研究农村的动因之一吧。

我有幸遇到了很多美食：比如在四川，惊艳了我这个没见过世面的城里人的，不是辣死人的川菜，而是老乡的白水煮豆角茄子，还有豆浆稀饭；在川陕交界的地方，老乡以用料复杂、做法考究的罐罐茶当早饭；在山西，集市上一碗只用油盐做调料没有任何臊子的扯面都让我至今难忘；

当然在广东一些山区，也有热情的老乡请我们吃田鼠，虽然我人㞞没下嘴。我也看到了祖国的大好河山：黄河边的田野一望无际，开着电动车高速奔驰在乡间小路上可以让人忘记所有烦恼；华南部分山区的坡地挺陡的，农业生产条件不大好，但一眼望去全是翠绿，让人心旷神怡；四川盆地那里的院坝，用一圈圈树和篱笆隔出各家的院落，村庄主路的一边是小河，另一边就是各家院坝的树和竹子。

但是，最打动人的，是我遇到的那些老乡。不止一个农民大哥向我发出了对外来调查者的“灵魂拷问”：你们来调查能帮我们解决啥问题？一些农民大哥甚至毫不客气地在我面前表达出对“专家”和“学者”的嘲讽。然而，他们也知道我们的调查和他们在田里的劳作一样，都出于谋生的需要。因此他们在质疑之后，也会将心比心地帮助我。这种帮助可能是借给我一辆自行车，一个探照灯；也可能是牺牲劳作时间，告诉我一些重要的信息。

不止农民大哥，还有农民大姐、农民大妈、农民大爷、农家小娃娃。我在调查的乡村中遇到的各类男女老少，大多表现了对我的善意。我进入素不相识的农户家，与他们攀谈。每每到了饭点，他们总是要留我吃饭。给钱是不可能的，哪怕是在当时还比较贫困的村庄。有一次我外出调查，跟一户农户聊到很晚。回到村中的房东家时，房东阿姨告诉我，她老伴见我天黑还没回来，便出去找我了。房东大叔回来后，跟我说：“你一个女娃，天黑还没回来，村里也没有路灯，我不放心。当年女知青下乡来我们这儿，我们也是这样的。”

在山西，我骑着农民大姐借给我的电动车，在田野里迷了路，兜兜转转总找不到要回的村庄。我去向一个奶奶问路，她说罢，叹了一句：“你咋一个人来这儿。要是我孙女，我肯定舍不得。”我的裤子膝盖处磨破了，当地合作社的阿姨见了，主动帮我缝补妥帖。还有农民大姐见我来了两周，一直穿一件外套，问我要不要她帮忙洗洗衣服。那些村里的孩子们，总是对我这个陌生人好奇得很。我跟他们玩一会儿，他们便每天早上过来叫我起床，给我在村里带路。

这样的点点滴滴太多了。没有这些淳朴善良的农民，我的调查难以完成。然而，这些农民身上展示的不仅有淳朴善良，还有自己对于农村发展的见解。担心我的那位房东大叔，是个有很有想法的人(他可以连续跟我谈三个小时的中美关系)。当时，当地政府正在推动“城乡建设用地增减挂钩政策”，大力宣传“农民上楼”的好处，鼓励农民从原有的宅基地搬到政府统一规划和修建的安置房中，然后用腾退出的宅基地置换城市建设用地指标。村中大多数农民希望住新房，于是同意自愿腾退宅基地。但是房东大叔却不愿意搬走。他觉得，新房再好，但是离自己的土地远；没有了院坝，不论是发展家庭农场，还是农家乐都不方便。因此，不管村干部如何劝说，房东大叔始终坚定地不搬家。关于这个事情，我同他探讨了多次。大叔认为每个农村都应该有不同的模样，这个村庄的特色就是院坝。如果都像城里人那样“上楼”，这个村庄就没有特色了，也很难吸引游客来这里。当年村里一共只有两户坚持不搬家，房东大叔家是其中之一。如今已经过去十年，国家正在大力推广乡村振兴。房东大叔家也因为没有搬离，成为村里接待游客最多的农户。

我在本书中提到的案例 X 协会则展现了一群农民对于自身发展道路的想法。他们用不同于主流的发展理念办农民合作组织，对资本和市场都有批判性思考，并最大限度地调动了农民的参与积极性，展示着自己的本土智慧。由于本书中已有不少相关描写，在此不再赘述。

我见证了这样的故事，也萌发出一种感受：中国的农民，至少有一部分是清楚自己的需要的，也明白对于自己的村庄什么样的发展道路最合适。因此，没有农村成长经验的我，哪怕读了一些书，也并不大可能给他们找到一条“出路”。相反，他们是我的老师。他们自己的出路乃至中国农村未来的出路，已经在他们的心里。

因此，在本书经验呈现的部分，我更多地承担了搬运工的角色。我只是把发生在农民身上的故事搬运到大家面前，从一个细小的侧面记录和展示他们的韧性、智慧。至于学术解读，既可以用社会经济的理论，也可以用其他的理论。而故事的内核总是农民自己的东西。我也希望有一天，不只是我们这些有博士学位的人去写书，去讲课，而是可以邀请农民自己去书写和讲述自己的故事，让我们的学生真正了解中国的农民和农村。

本书的完成，离不开很多人对我的帮助。除了上面提及的那些可爱的老乡们，我还要感谢我的父母，我的师友们。首先感谢我的父母，对我求学道路的支持，以及在生活中对我的宽容和照顾。

感谢我的博士生导师徐永德先生。感谢他接受我到香港大学攻读博士学位，感谢他平时对学生的仁厚和耐心。他在学生毕业之前从来不接受学生的任何礼物和饭局邀请，为我们树立了为人师的好榜样。虽然我与他的研究方向并不相同，但从博士论文的开题、调查、写作到修改，他在每个环节都给予了悉心指导，让我完成了博士阶段的学术训练。

感谢香港理工大学的严海蓉、古学斌两位老师，感谢目前在港大工作的潘毅老师。是严老师，让我认识了社会经济这个议题。她所开办的读书会，让我在价值观和学术视野上都获得巨大的成长。她为我介绍了第一个调研案例，并帮助联系了案例所在地的负责人，我的研究才得以开始。在本书写作遇到困难时，我专门去请教了古老师。古老师慷慨大方的一顿饭，让我觉得温暖贴心，对于写作的焦虑也在他的鼓励下消弭了不少。感谢潘毅老师，她和她的学生最先搜集了有关社会经济的前沿文献，让我得以认识这个领域的重要作者。她教导我写作的要旨是对“心”而非“脑”的训练，让我明确了写作的目标，卸去了不少杂念。

感谢我的硕士生导师周立教授。是他引领我开启对“另类发展”的探索之旅。他的批判性思维以及对待学生如同家人般的温暖，让我至今难忘。感谢我的本科生导师曾寅初教授，他是一个严谨治学，为人师表的好老师。他手把手教我写出了人生中第一篇像样的论文。虽然只是简单的统计描述，但那篇论文中任何一个表格的格式、任何一个柱状图的花纹都在他的细致指导下变得规范。这样的经历让我受用终身。感谢陈卫平教授、孔祥智教授在本科阶段对我的教导，以及在我工作后对我的鼓励和提携。感谢我本科阶段的班主任陈传波老师，以及发展经济学的授课老师庞晓鹏教授。他们对我的求学道路给予了很多建议，他们的治学态度和对学术的热情也深深地感染了我。

特别感谢温铁军教授，我本科时期的院长。是他和团队推动的新乡村建设运动，让我了解到中国农村发展的多元道路。感谢他百忙之中给我写推荐信，让我有机会去深造。感谢康晓光教授，提供机会让我认识到社会工作这个专业，让我第一次知道系统的调研到底该如何操作。

感谢在调查和写作过程中给予我帮助的朋友和老师们。美国的马修博士和奥地利的谢帅东博士都大方地将自己的论文发送给我，在调研时与我探讨，给予我不少写作灵感。感谢闫红红、张文浩、返乡青年鲁峰帮助协调调查。感谢杨团老师给予机会，让我参与第一期“禾力·乡工”培训，使我能近距离地和农民们接近，并接受农民对我的教育。

感谢 2011—2015 年在香港大学百周年校园赛马会楼 712 室的伙伴们。秦楠师姐的炸酱面不知给予了我多少安慰。付芳师姐在我调研前专门提前给我过生日，那个生日礼物盒子的照片还在我的电脑里。感谢王军芳、傅瑶、宋雅君、王琳、杨岗、荀康伟、郭瑛琦、纪骁雯、张荣等同学平时的照顾和帮助。感谢陈爽同志与我在办公室一起插科打诨，偶尔还切磋一下小品表演。最后，特别感谢闫博同学的善良与灵性，她对世界的博爱，对同类的怜悯，对世俗成功的批判性思考都让我看到了生活道路的另一种可能性。

感谢当年楼下的 Sam 先生，对我们的服务和照顾。感谢楼上的邓韵雪同学以吃货的精神为我的生活添加不少色彩。

感谢硕士阶段的同学张明慧、姜智强同学，虽然他们读博后都不准备投身学术，但却一直鼓励和安慰我。

感谢华中农业大学文法学院以及社会工作系的各位领导和同事们为本书写作所提供的支持和帮助，包括钟涨宝教授、田北海教授、万江红教授、张翠娥教授等。感谢胡程立老师对于本书出版的建议。感谢华中师范大学郑广怀教授的指点，和对后辈的关心提携。

感谢武汉大学出版社，尤其要衷心感谢陈帆和蒋培卓两位老师。在本书定稿之前，两位老师做了大量细致的工作，让本书得以顺利出版。

受本人的学术水平和时间精力的限制，本书难免存在诸多不足之处。欢迎各位读者的批评指正。

何宇飞

2021 年 3 月